GW00493492

Rizzoli la scala

# Gianrico Carofiglio

# La manomissione delle parole

a cura di Margherita Losacco

Rizzoli

ISBN 978-88-17-04368-7

*Prima edizione: ottobre 2010*
*Seconda edizione: ottobre 2010*

Le fiabe non dicono ai bambini che esistono i draghi:
i bambini già sanno che esistono.
Le fiabe dicono ai bambini
che i draghi possono essere sconfitti.

G.K. CHESTERTON

Rimandi e commenti alle opere citate nel testo sono contenuti nella sezione bibliografica alla fine del volume.

La manomissione delle parole

# Introduzione

Autocitarsi è un'operazione piuttosto inelegante, che di regola andrebbe evitata.

In questo caso, però, la citazione del brano che segue, tratto dal romanzo *Ragionevoli dubbi*, è davvero indispensabile per spiegare la genesi di questo piccolo volume e il suo stesso titolo.

A quell'ora – erano le undici – avrei trovato un solo posto dove comprare libri e fare anche due chiacchiere. L'*Osteria del caffellatte*, che nonostante il nome è una libreria.

Apre la sera alle dieci e chiude la mattina alle sei. Il libraio – Ottavio – è un ex professore di liceo con l'insonnia cronica. Aveva tenacemente detestato il suo lavoro di professore per tutti gli anni in cui era stato costretto a farlo. Poi una vecchia zia, senza figli, senza altri parenti, gli aveva lasciato soldi e un piccolissimo palazzo in pieno centro. Pian terreno e due appartamenti, uno sull'altro. L'occasione della sua vita, presa al volo e senza esitazione. Era andato ad abitare al secondo piano. Al pian terreno e al primo piano ci aveva fatto una libreria. Siccome di notte non poteva dormire si era inventato quell'orario. Assurdo, avevano detto in molti, e invece aveva funzionato.

C'è gente a tutte le ore, all'*Osteria del caffellatte*. Non molta, ma a tutte le ore. Tipi strani, ovviamente, ma anche, soprattutto tipi normali. Che poi sono i più strani di tutti se li trovi a comprare libri alle quattro del mattino.

Ci sono tre tavolini e un piccolo banco da bar. Se ne hai voglia puoi bere qualcosa o mangiare una fetta delle torte che Ottavio prepara nel pomeriggio, prima di aprire. La mattina presto puoi fare colazione con le stesse torte e il caffellatte. Se ti trovi in libreria al momento della chiusura, lui ti regala la torta avanzata, ti dice ci vediamo domani, chiude e poi, davanti all'ingresso, si fuma l'unica sigaretta della giornata. Dopo va a farsi un giro per la città che riprende vita e quando gli altri cominciano a lavorare lui se ne va a dormire, perché di giorno ci riesce.

In libreria c'erano tre ragazze che si stavano raccontando qualcosa di divertente. Feci caso al fatto che ogni tanto guardavano verso di me, e poi ridevano più forte. Ecco, pensai. La mia parabola è conclusa. Sono un uomo ridicolo. Anzi, a pensarci meglio, sono un paranoico terminale.

Il libraio era seduto a uno dei tavolini del minuscolo bar e leggeva. Quando si accorse del mio ingresso mi salutò con la mano e poi tornò a leggere. Io cominciai a girare fra banchi e scaffali.

Presi tra le mani *L'uomo senza qualità*, lo sfogliai, ne lessi qualche pagina, lo rimisi a posto. È una cosa che faccio da molti anni. Da sempre, in realtà. Con Musil e soprattutto con l'*Ulisse* di Joyce.

Ogni volta mi confronto con la mia ignoranza e penso che dovrei leggere questi libri. Ogni volta non mi riesce nemmeno di comprarli.

Credo che non conoscerò mai direttamente le avventure – diciamo così – del giovane Dedalus, del signor Bloom, di Ulrich. Me ne sono fatta una ragione, ma in libreria continuo a sfogliare quei volumi, così, come in una sorta di rituale dell'imperfezione. La mia.

Continuando a gironzolare fui attirato da una bella copertina con un bellissimo titolo. *Notti nei giardini di Brooklyn*. Non conoscevo né l'autore – Harvey Swados – né l'editore – Bookever. Lessi qualche rigo della prefazione di Grace Paley, mi convinse e lo presi.

Entrò un giovane poliziotto. Si diresse da Ottavio, gli chiese qualcosa. Fuori lo aspettava, parcheggiata in doppia fila, una volante.

Adocchiai un libro dal titolo *Nulla succede per caso*. Decisi che faceva al caso mio – qualunque fosse, il caso mio – e presi anche quello. Il poliziotto uscì con un libro in un sacchetto, di quelli che si trovano solo nella libreria di Ottavio. Da una parte c'è il disegno di una tazza da caffellatte fumante, azzurra e senza manici, con il nome della libreria.

Dall'altra, stampate sulla plastica, una pagina di romanzo, una poesia, una citazione da un saggio. Cose che piacciono al libraio e che lui vuole consigliare ai suoi notturni clienti.

Mi sentivo già molto meglio. Le librerie mi fanno da ansiolitico e anche da antidepressivo. Le ragazze erano uscite senza che me ne accorgessi. Adesso eravamo soli, Ottavio e io. Mi avvicinai.

«Ciao, Guido. Come te la passi?»

«Alla grande, me la passo. Cosa ha comprato il poliziotto?»

«Non ci crederai.»

«Tu dimmelo.»

«*Poesia ininterrotta.*»

«Éluard?» chiesi stupito.

«Già. Sarai uno dei tre o quattro avvocati nel mondo a conoscere questo libro. E lui, l'unico poliziotto.»

«Non farà carriera.»

«Credo anch'io. Cosa hai preso, tu?»

Gli mostrai i libri che avevo scelto e lui approvò. Swados, soprattutto.

«E tu cosa stai leggendo?»

Il libro che aveva in mano era piccolo, con la copertina color crema, di un'altra casa editrice sconosciuta: Edizioni dell'Orto Botanico.

Me lo porse. Si intitolava: *La manomissione delle parole*; sottotitolo: *Appunti per un seminario sulla scrittura*. Nessun nome di autore in copertina.

Lo sfogliai e ne lessi alcune frasi.

*Le nostre parole sono spesso prive di significato. Ciò accade perché le abbiamo consumate, estenuate, svuotate con un uso eccessivo e soprattutto inconsapevole. Le abbiamo rese bozzoli vuoti. Per raccontare, dobbiamo rigenerare le nostre parole. Dobbiamo restituire loro senso, consistenza, colore, suono, odore. E per fare questo dobbiamo farle a pezzi e poi ricostruirle.*

*Nei nostri seminari chiamiamo "manomissione" questa operazione di rottura e ricostruzione. La parola manomissione ha due significati, in apparenza molto diversi. Nel primo significato essa è sinonimo di alterazione, violazione, danneggiamento. Nel secondo, che discende direttamente dall'antico diritto romano (manomissione era la cerimonia con cui uno schiavo veniva liberato), essa è sinonimo di liberazione, riscatto, emancipazione.*

*La manomissione delle parole include entrambi questi significati. Noi facciamo a pezzi le parole (le manomettiamo, nel senso di alterarle, violarle) e poi le rimontiamo (le manomettiamo nel senso di liberarle dai vincoli delle convenzioni verbali e dei non significati).*

*Solo dopo la manomissione, possiamo usare le nostre parole per raccontare storie.*

«Hai solo questa copia?»

«Sì, ma puoi prenderla, se vuoi. Perché ti interessa?»

\*\*\*

Guido Guerrieri prende quella copia, ma non risponde alla domanda del suo amico Ottavio. Si può supporre, però, che i motivi per cui quel libro gli interessa siano gli stessi per cui *questo* libro è stato scritto ed è stato dotato del medesimo titolo.

In realtà, il volume che Guerrieri scopre e sfoglia nell'*Osteria del caffellatte* non esiste. Non esistono le Edizioni dell'Orto Botanico e nemmeno i seminari sulla scrittura cui allude il sottotitolo. È questa la risposta che ho dovuto dare ai lettori, prima incuriositi e poi delusi, che mi chiedevano come procurarsi quel volume, non trovandone traccia nelle librerie.

Me lo hanno chiesto così tante volte che a un certo punto, finalmente, ho afferrato il messaggio. Se quel libro non esisteva ma molti avevano voglia di leggerlo, allora c'era una sola cosa da fare: scriverlo, semplicemente.

Anche perché, con ogni probabilità, quel libro era comparso nel romanzo e sugli scaffali della libreria di Ottavio (anch'essa del tutto inventata, a dire il vero) per un bisogno intenso, complesso e – almeno allora – non del tutto chiaro allo stesso autore.

È invece molto più chiaro adesso che *La manomissione delle parole* esiste davvero, e non solo sugli scaffali di una libreria immaginaria. E del resto è perfettamente normale, anzi direi sano, che un autore capisca per quale motivo aveva bisogno di scrivere un libro – saggio o romanzo che sia, con tutte le declinazioni intermedie fra le due categorie – solo dopo averlo scritto e riletto.

Mi ha sempre affascinato l'idea che le parole – cariche di significato e dunque di forza – nascondano in sé un potere diverso e superiore rispetto a quello di comunicare, trasmettere messaggi, raccontare storie. L'idea, cioè, che abbiano il potere di produrre trasformazioni, che possano essere, letteralmente, lo strumento per cambiare il mondo.

Spesso, tuttavia, le nostre parole hanno perso significato perché le abbiamo consumate con usi impropri, eccessivi o anche solo inconsapevoli, come diceva con chiarezza l'anonimo autore del libro pubblicato dalle Edizioni dell'Orto Botanico.

Il poeta greco Ghiannis Ritsos ha detto che le parole sono come "vecchie prostitute che tutti usano, spesso male": e al poeta tocca restituire loro la verginità.

È necessario un lavoro da artigiani per restituire verginità, senso, dignità e vita alle parole. È necessario smontarle e controllare cosa non funziona, cosa si è rotto, cosa ha trasformato meccanismi delicati e vitali in materiali inerti. E dopo bisogna montarle di nuovo, per ripensarle, finalmente libere dalle convenzioni verbali e dai non significati.

Come le nuove metafore, studiate da George Lakoff in un libro fondamentale, così le parole smontate e rimontate possono "darci una nuova comprensione della nostra esperienza": possono dare un senso nuovo al nostro passato, al presente e al futuro, a quello che sappiamo, che crediamo e che vorremmo. Come singoli e come collettività solidali.

La ragione di questo libro – a un tempo politica, letteraria ed etica – consiste nell'esigenza di trovare dei modi per dare senso alle parole: e, dunque, per cercare di dare senso alle cose, ai rapporti fra le persone, alla politica intesa come categoria nobile dell'agire collettivo.

# Quante parole, quali parole

Gustavo Zagrebelsky ha detto: "Il numero di parole conosciute e usate è direttamente proporzionale al grado di sviluppo della democrazia e dell'uguaglianza delle possibilità. Poche parole e poche idee, poche possibilità e poca democrazia; più sono le parole che si conoscono, più ricca è la discussione politica e, con essa, la vita democratica".

Nel suo ideale decalogo dell'etica democratica egli ha incluso la fede in qualcosa, la cura delle personalità individuali, lo spirito del dialogo, il senso dell'uguaglianza, l'apertura verso la diversità, la diffidenza verso le decisioni irrevocabili, l'atteggiamento sperimentale, la responsabilità dell'essere maggioranza e minoranza, l'atteggiamento altruistico; e, a concludere il decalogo, la *cura delle parole.*

In nessun altro sistema di governo le parole sono importanti come in democrazia: la democrazia è discussione, è ragionamento comune, si fonda sulla circolazione delle opinioni e delle convinzioni. E – osserva Zagrebelsky – lo strumento privilegiato di questa circolazione sono le parole.

Il rapporto fra ricchezza delle parole e ricchezza di possibilità (e dunque di democrazia) è dimostrato anche dalla ricerca scientifica, medica e criminologica: i ragazzi più violenti possiedono strumenti linguistici scarsi e inefficaci, sul piano del lessico, della grammatica e della sintassi. Non sono capaci di gestire una conversazione, non riescono a modulare lo stile della comunicazione – il tono, il lessico, l'andamento – in base agli interlocutori e al contesto, non fanno uso dell'ironia e della metafora. Non sanno sentire, non sanno nominare le proprie emozioni. Spesso, non sanno raccontare storie. Mancano della necessaria coerenza logica, non hanno abilità narrativa: una carenza che può produrre conseguenze tragiche nel rapporto con l'autorità, quando è indispensabile *raccontare*, descrivere, dare conto delle ragioni, della successione, della dinamica di un evento.

La povertà della comunicazione, insomma, si traduce in povertà dell'intelligenza, in doloroso soffocamento delle emozioni.

Questo vale a tutti i livelli della gerarchia sociale, ma soprattutto ai gradi più bassi. Quando, per ragioni sociali, economiche, familiari, non si dispone di adeguati strumenti linguistici; quando le parole fanno paura, e più di tutte proprio le parole che dicono la paura, la fragilità, la differenza, la tristezza; quando manca la capacità di nominare le cose e le emozioni, manca un meccanismo fondamentale di controllo sulla realtà e su se stessi.

La violenza incontrollata è uno degli esiti possibili, se non probabili, di questa carenza. I ragazzi sprovvisti delle parole per dire i loro sentimenti di tristezza, di rabbia, di frustrazione hanno un solo modo per liberarli e liberarsi di sofferenze a volte insopportabili: la violenza fisica. Chi non ha i nomi per la sofferenza la agisce, la esprime volgendola in violenza, con conseguenze spesso tragiche.

Nelle scienze cognitive questo fenomeno – la mancanza di parole, e dunque di idee e modelli di interpretazione della realtà, esteriore e interiore – è chiamato ipocognizione. Si tratta di un concetto elaborato a seguito degli studi condotti negli anni Cinquanta dall'antropologo Bob Levy. Nel tentativo di individuare la ragione dell'altissimo numero di suicidi registrati a Tahiti, Levy scoprì che i tahitiani avevano le parole per indicare il dolore fisico ma non quello psichico. Non possedevano il concetto di dolore spirituale, e pertanto quando lo provavano non erano in grado di identificarlo. La conseguenza di questa incapacità, nei casi di sofferenze intense e (per loro) incomprensibili, era spesso il drammatico cortocircuito che portava al suicidio.

"I *limiti del mio linguaggio* significano i limiti del mio mondo" ha scritto Ludwig Wittgenstein: la caduta del linguaggio – si può arrivare a dire – è la caduta dell'uomo.

Nella *Città di vetro* di Paul Auster, Daniel Quinn va nella biblioteca della Columbia University e legge il libro di Peter Stillman padre, *Il Giardino e la Torre*:

Nel paradiso terrestre il solo compito di Adamo era stato inventare il linguaggio, dare il proprio nome a ogni oggetto e creatura. In tale condizione d'innocenza, la lingua era penetrata direttamente nel vivo del mondo. Le parole non si erano semplicemente applicate alle cose che vedeva: ne avevano svelato le essenze, le avevano letteralmente vivificate. La cosa e il nome erano intercambiabili. Dopo la caduta, questo non valeva più. I nomi cominciarono a staccarsi dalle cose; le parole degenerarono in un ammasso di segni arbitrari; il linguaggio era disgiunto da Dio. Dunque la storia del Giardino non ricorda soltanto la caduta dell'uomo, ma quella del linguaggio. [...] Se la caduta dell'uomo implicava anche una caduta del linguaggio, non era logico presumere che si sarebbe potuta ribaltare la caduta stessa, e capovolgerne gli effetti, se si ribaltava la caduta del linguaggio, impegnandosi a ricreare quello parlato nell'Eden? Se l'uomo fosse riuscito ad apprendere la lingua originale dell'innocenza, non ne conseguiva che in quel modo, dentro di sé, si sarebbe riappropriato di tutta una condizione d'innocenza?

L'abbondanza, la ricchezza delle parole è dunque una condizione del dominio sul reale: e diventa, inevitabilmente, strumento del potere politico. Per questo – argomenta Zagrebelsky – è necessario che la conoscenza, il possesso delle parole siano esenti da discriminazioni, e garantiti da una scuola eguale per tutti.

Ma il *numero* delle parole conosciute non ne esaurisce lo straordinario potere sugli uomini e sulle cose. Un ulteriore segnale del grado di sviluppo di una democrazia e, in generale, della qualità della vita pubblica si può desumere dalla *qualità* delle parole: dal loro stato di salute, da come sono utilizzate, da quello che riescono a significare.

Tutti possiamo verificare, ogni giorno, che lo stato di salute delle parole è quanto meno preoccupante, la loro capacità di indicare con precisione cose e idee gravemente menomata.

Le parole devono – dovrebbero – aderire alle cose, rispettarne la natura. Scrive T.S. Eliot nel quinto tempo dell'ultimo dei *Quattro quartetti*:

[...] E ogni frase
e sentenza che sia giusta (dove
ogni parola è a casa, e prende il suo posto
per sorreggere le altre, la parola
non diffidente né ostentante, agevolmente
partecipe del vecchio e del nuovo, la comune
parola esatta senza volgarità, la formale
parola precisa ma non pedante
perfetta consorte unita in una danza) [...]

Socrate, negli ultimi istanti della sua vita, rac-
comanda a Critone: "Tu sai bene che il parlare
scorretto non solo è cosa per sé sconveniente,
ma fa male anche alle anime". E tuttavia il "parlare scorretto", la progressiva perdita di aderen-
za delle parole ai concetti e alle cose, è un fenomeno sempre più diffuso, in forme ora nascoste
e sottili, ora palesi e drammaticamente visibili.

## 2
## Fare le cose con le parole

Sembra oggi concretizzarsi, nel nostro Paese forse più che altrove, l'inquietante fenomeno che Humpty Dumpty illustra ad Alice in un passo celebre, e caro ai filosofi del linguaggio, di *Attraverso lo specchio*.

> «Quando *io* uso una parola» disse Humpty Dumpty in tono alquanto sprezzante, «questa significa esattamente quello che decido io... né più né meno.»
> «Bisogna vedere» disse Alice «se lei *può* dare tanti significati diversi alle parole.»
> «Bisogna vedere» disse Humpty Dumpty «chi è che comanda... è tutto qua.»

Quando si ha a che fare con le parole – dice l'uovo amico di Alice – una cosa sola importa: chi comanda, chi è il padrone. E questo è tutto.
Eppure, come ricorda la Regina Rossa qualche capitolo più avanti, "una volta detta

una cosa, è fatta, e devi accettarne le conseguenze".

Le parole sono anche atti, dei quali è necessario fronteggiare le conseguenze. Esse sembrano
non avere peso e consistenza, sembrano entità
volatili, ma sono in realtà meccanismi complessi e potenti, il cui uso genera effetti e implica
(dovrebbe implicare) responsabilità. Le parole
*fanno* le cose, come suggerisce, fin dal titolo, un
libro fortunato del linguista John L. Austin.

Proprio perché le parole creano la realtà,
fanno – e disfano – le cose, è importante avere
lucida consapevolezza dei sistemi che ne deter-
minano il funzionamento, delle ragioni che ne
producono il deterioramento.

In un saggio del 1946 su *La politica e la lingua
inglese*, George Orwell si ribellava all'uso di un
linguaggio sempre più vuoto, fatto di similitudi-
ni fiacche e di metafore stantie: e, nell'elencare
semplici, essenziali norme di buona scrittura – e
dunque di buon pensiero – mostrava come combattere contro il cattivo linguaggio significhi, anche, opporsi al declino della civiltà.

"L'inglese moderno, soprattutto l'inglese scritto, è pieno di cattive abitudini che si diffondono
per imitazione e possono essere evitate se ci si
prende il disturbo di farlo. Se ci si libera di queste abitudini si può pensare con più chiarezza e
pensare con chiarezza è un primo necessario pas-

so verso il rinnovamento della politica: perciò la lotta contro il cattivo inglese non è una frivolezza né preoccupazione esclusiva di chi scrive per professione."

Oltre la sciatteria, la banalizzazione, l'uso meccanico della lingua, esiste però un fenomeno più grave, inquietante e pericoloso: un processo patologico di vera e propria conversione del linguaggio all'ideologia dominante. Un processo che si realizza attraverso l'occupazione della lingua, la manipolazione e l'abusivo impossessamento di parole chiave del lessico politico e civile.

È un fenomeno riscontrabile nei media, nella produzione letteraria e, soprattutto, nella vita civile e politica, sempre più segnata da stilemi e contenuti che richiamano alla mente le pagine di Orwell.

Nel romanzo *1984* il regime di Oceania non solo altera la verità della storia, ma anche il linguaggio con cui l'individuo esprime il suo pensiero. E lo fa attraverso la creazione della Neolingua.

"Fine della Neolingua [...] era [...] soprattutto quello di rendere impossibile ogni altra forma di pensiero. [...] a parte la soppressione di parole di carattere palesemente eretico, la riduzione del vocabolario era considerata fine a se stessa, e di nessuna parola di cui si potesse fare a meno era ulteriormente tollerata l'esistenza. La Neolingua era intesa non a estendere, ma a *diminuire* le possibilità del pensiero; si veniva incontro a questo fine appunto, indirettamente, col ridurre al minimo la scelta delle parole. [...] Ogni riduzione rappresentava una conquista, perché più piccolo era il campo della scelta e più limitata era la tentazione di lasciar spaziare il proprio pensiero."

Nella Neolingua il numero delle parole viene ridotto al minimo e ogni parola residua viene limitata a un unico possibile significato.

L'abbondanza di parole e la molteplicità di significati sono strumenti del pensiero, ne accrescono la potenza e la capacità critica: parallelamente, la ricchezza del pensiero richiede, e anzi esige, ricchezza di linguaggio. Il progressivo contrarsi del linguaggio, in Oceania e in altri luoghi meno immaginari, ha per effetto prima l'impoverimento, poi una vera e propria inibizione del pensiero.

Le parole *fanno* le cose, diceva Austin. L'affermazione può avere un significato duplice. Le parole fanno le cose in primo luogo quando hanno valore performativo, cioè esecutivo, e dunque generano direttamente effetti nel mondo materiale e delle relazioni umane. Una frase, o anche una sola parola, può descrivere, narrare un'azione, ma può altresì identificarsi essa stessa con l'azione, *essere* l'azione.

Questo fenomeno è particolarmente diffuso nel mondo del diritto. Se sull'altare dichiaro: "Sì, voglio prendere te come mia legittima sposa"; se quando detto il mio testamento scrivo: "Lascio i miei libri alla biblioteca comunale"; se dico: "Scommetto dieci euro che l'Inter vince", ho compiuto azioni, non ho concepito narrazioni o formulato pareri. A queste proposizioni non si può applicare la nozione di vero e falso: si tratta di frasi che modificano direttamente la realtà, che sono esse stesse azioni.

Si fa qualcosa, dicendo qualcosa.

In realtà, anche quando le parole e le frasi sono non direttamente performative, ma narrative e descrittive, esse – raccontando – possono realizzare una peculiare funzione costruttiva del mondo. La narrazione dei fatti non è un'operazione neutra: la comunicazione spesso letteralmente *crea* quella che noi chiamiamo la realtà, come ha affermato, con toni solo in apparenza paradossali, Paul Watzlawick.

Ciò è dimostrato con particolare efficacia dagli studi della psicologia giuridica.

Elizabeth Loftus, una delle massime autorità mondiali nel campo della psicologia della testimonianza e della memoria, mostrò a un gruppo di volontari la videoregistrazione di un incidente automobilistico. Successivamente i soggetti furono divisi in due gruppi; a quelli del primo fu chiesto a che velocità andassero le auto quando si erano *scontrate*, mentre a quelli del secondo fu chiesto a che velocità andassero le auto quando si erano *schiantate*. Quelli del secondo gruppo indicarono velocità di gran lunga maggiori di quelli del primo. Una settimana dopo ai soggetti fu chiesto se avessero notato vetri rotti sulla scena dell'incidente. In realtà non vi erano vetri rotti, ma i volontari del secondo gruppo indicarono tale (inesistente) dato in percentuale doppia rispetto a quelli del primo. Tutto questo solo per effetto dell'uso di due diverse parole nella formulazione della domanda che sollecitava la memoria e la narrazione dei fatti.

\*\*\*

La parola può dunque dare forma all'esperienza raccontandola e a volte manipolandola (nei libri come nei processi), ma può, anche, definire il mondo in termini nuovi e pertanto generare il progresso, come ci dimostra da ultimo la straordinaria vicenda dell'ascesa di Barack Obama alla Casa Bianca.

Allo stesso modo, tuttavia, essa può divenire, come annota Enzo Golino nel suo libro sulla lingua totalitaria del fascismo e del nazismo, "il cavallo di Troia di un disegno autoritario, strumento di potere e di una pratica narrativa – cioè la narrazione della storia – *ad usum delphini*. Con l'obiettivo di ipotecare la storia passata, presente, futura".

La scelta delle parole è dunque un atto cruciale e fondativo: esse sono dotate di una forza che ne determina l'efficacia e che può produrre conseguenze. Una forza che spesso è costituita dalla tradizione della parola, dal suo significato come storicamente si è sedimentato, e che, indagato sul piano teorico dagli studiosi della lingua, è tuttavia sempre operante, a diversi gradi di consapevolezza linguistica e culturale, nella coscienza dei parlanti.

Gli esiti concreti di questo meccanismo sono temibili: le parole possono costituire la premessa e la sostanza di pratiche manipolatorie, ma anche razziste, xenofobe o criminali.

Un caso esemplare è il repertorio di parole, espressioni, discorsi, testi interi – di ieri e di oggi – che costituiscono l'"archivio antiebraico", il fondamento linguistico e ideologico dell'antisemitismo, indagato di recente, nella sua formazione e nel suo funzionamento, dallo storico Simon Levis Sullam.

Ma la funzione creativa del linguaggio, la potenzialità delle parole, straordinaria e tremenda, di inventare il reale si manifesta continuamente: espressioni come *giudeo*, *negro*, *terrone*, *maroc-*

*chino* attivano immediatamente l'ostilità, creano un *altro* estraneo e da respingere.

È una interferenza sulla realtà – o, si potrebbe dire, una vera e propria creazione di realtà fittizie – che ogni giorno, spesso inconsapevolmente, sperimentiamo. Una manipolazione che passa attraverso la scelta delle parole, che investe tutti gli aspetti della vita associata e che, in molti casi, si fa violenza. Palese o, più spesso e più pericolosamente, occulta.

***

Un esempio ricavato dalla cronaca politico-giudiziaria italiana può dare un'idea di come la scelta arbitraria delle parole possa manipolare la realtà, alterandola e rendendola irriconoscibile.

Il 25 febbraio 2010 le Sezioni Unite Penali della Corte di Cassazione si sono occupate del caso di tale Mills Mackenzie Donald David, meglio noto alle cronache giudiziarie come "l'avvocato Mills".

Questo signore, di nazionalità inglese e di professione avvocato esperto nella costituzione di società nei cosiddetti paradisi fiscali, era stato accusato di un delitto assai grave: corruzione in atti giudiziari in concorso con Berlusconi Silvio. In concreto Mills, che per conto di Berlusconi aveva creato e gestito numerose società estere offshore (All Iberian) del gruppo Fininvest, era accusato di avere ripetutamente testimoniato il falso al fine di occultare le responsabilità dello stesso Berlusconi e dunque per favorirlo, ricevendone in cambio cospicue somme di denaro.

Il procedimento, iniziato, come è naturale, a carico del presunto corrotto e del presunto corruttore, si era scisso nell'ottobre del 2008. Il tribunale di Milano aveva infatti separato la posizione dell'imputato Berlusconi per trasmettere gli atti alla Corte Costituzionale, affinché questa valutasse la legittimità del cosiddetto lodo Alfano, la legge che aveva disposto la sospensione dei procedimenti penali nei confronti delle alte cariche dello Stato. Il lodo Alfano sarebbe stato dichiarato incostituzionale circa un anno dopo per violazione del principio di uguaglianza dei cittadini dinanzi alla legge. Ma ciò che qui interessa è che, per effetto di quella legge, il procedimento a carico dell'imputato Berlusconi venne sospeso, mentre quello a carico dell'imputato Mills proseguì fino alla condanna di quest'ultimo. Il tribunale lo ritenne infatti responsabile del reato di corruzione in atti giudiziari e lo condannò a quattro anni e sei mesi di reclusione. La Corte d'Appello confermò la condanna.

Le Sezioni Unite della Cassazione, con la sentenza del 25 febbraio 2010, confermavano anch'esse, con un articolato ragionamento giuridico, la sussistenza del reato di corruzione in atti giudiziari del quale, però, dichiaravano la prescrizione.

Prima di proseguire è bene chiarire sinteticamente due concetti.

Nel gergo degli studiosi di diritto penale, la corruzione si definisce reato plurisoggettivo, a concorso necessario.

Tradotto: perché sussista il reato di corruzione è necessario che ci siano almeno due responsabili, il corrotto (nel caso di specie appunto l'avvocato Mills) e il corruttore. Se le Sezioni Unite della Cassazione, e prima di loro il tribunale e la Corte d'Appello di Milano, dicono che c'è un corrotto, dicono anche, implicitamente, che c'è un corruttore.

La prescrizione è una causa di estinzione dei reati collegata al trascorrere del tempo. La ragione di questo istituto giuridico è che, a distanza di molto tempo dal fatto, si ritiene venga meno l'interesse dello Stato a punire la relativa condotta.

La sentenza che dichiara estinto un reato per prescrizione ha come premessa logica e giuridica la *sussistenza* del reato stesso. Essa è dunque, per intuibili ragioni, cosa ben diversa da una sentenza di assoluzione. Non sarà inutile, sul punto, una brevissima e inequivoca citazione dalla sentenza delle Sezioni Unite: "Al riguardo deve osservarsi che, alla stregua delle valutazioni dianzi effettuate, risulta verificata *la sussistenza degli estremi del reato di corruzione in atti giudiziari* [corsivo mio]". Cioè: l'avvocato Mills è stato certamente corrotto.

Dunque, riepilogando in estrema sintesi i termini della vicenda:

– risulta provato, dopo ben tre gradi di giudizio, il reato di corruzione in atti giudiziari;

– risulta provata, per conseguenza necessaria, la sussistenza tanto di un corrotto quanto di un corruttore;

– il reato per il quale l'imputato Mills era stato condannato a quattro anni e sei mesi, in primo e secondo grado, è estinto per prescrizione, cioè per il mero decorso del tempo;

– l'imputato Mills *non* è stato assolto.

Date queste elementari e apparentemente incontrovertibili premesse, il 26 febbraio 2010 «il Giornale», dopo aver titolato *Processi, vittoria di Berlusconi*, definisce Mills "praticamente assolto" e informa i suoi lettori che Berlusconi "non dovrà presentarsi in tribunale per discolparsi". Infine, con un totale capovolgimento del dato storico e testuale, conclude che "se non c'è più il corrotto non ci può più essere neppure il corruttore". Quando invece, come abbiamo appena constatato leggendo la sentenza, vi è il corrotto e dunque anche il corruttore.

La sentenza di assoluzione e quella che dichiara il reato estinto per prescrizione hanno una sola cosa in comune: l'imputato non subisce la pena. In un caso perché innocente, nell'altro perché, nonostante la sua colpevolezza, il tempo decorso implica la cessazione della cosiddetta pretesa punitiva dello Stato. Assoluzione e dichiarazione di prescrizione sono due cose *diverse*. Vengono rese "praticamente" uguali da una narrazione dei fatti che si fa manipolazione e sovvertimento della cronaca e, in prospettiva, della storia.

Il capovolgimento del reale si fa più evidente, e più devastante, grazie alla televisione.

L'edizione del TG1 dello stesso giorno, 26 febbraio 2010, alle 13.30, si apre con il titolo: "Dopo l'assoluzione dell'avvocato Mills, polemiche le opposizioni, la maggioranza dice: 'Vittoria della giustizia'. E il conduttore prosegue: 'Il giorno dopo la sentenza di assoluzione la politica si divide sul caso Mills'".

Abbiamo visto come la differenza fra dichiarazione di prescrizione e sentenza di assoluzione sia linguisticamente, giuridicamente, logicamente chiarissima. Mills non è stato assolto, eppure, a seguito dell'impiego abusivo della parola *assoluzione*, la realtà è stata manipolata, falsificata, resa altra. Per i milioni di spettatori che hanno assistito a quel telegiornale, l'avvocato Mills è stato assolto e Berlusconi è innocente.

*\*\*\**

Il riepilogo di questa vicenda richiama alla mente le parole della *Nobel Lecture* di Toni Morrison e la sua riflessione sul concetto di lingua morta. Essa non è solo una lingua priva di parlanti, ma è una lingua rigida, che si limita a contemplare la propria paralisi. Una lingua morta è la lingua del potere, che nasce da una censura ed essa stessa censura.

Il linguaggio oppressivo non si limita a rappresentare la violenza: è violenza. Non si limita a rappresentare i confini della conoscenza: confina la conoscenza. Che si tratti del linguaggio ottenebrante del potere o del linguaggio menzognero di stolidi mezzi di comunicazione; che sia il linguaggio tronfio ma ossificato dell'accademia o il linguaggio meramente funzionale delle scienze; che si tratti del linguaggio malefico della legge priva di etica, o del linguaggio pensato per l'esclusione e l'alienazione delle minoranze, che occulta la sua violenza razzista sotto una facciata di cultura – il linguaggio dell'oppressione deve essere respinto, modificato e smascherato. È il linguaggio che succhia il sangue, blandisce chi è vulnerabile, infila i suoi stivali fascisti sotto crinoline di rispettabilità e patriottismo, mentre si muove incessantemente fino all'ultima riga, fino all'ultimo angolo della mente svuotata. Il linguaggio sessista, il linguaggio razzista, il linguaggio fideistico – sono tutte forme del linguaggio del controllo e del potere, e non possono consentire, non consentono nuova conoscenza, né promuovono lo scambio reciproco di idee.

# 3
## Lingua del dubbio e
## lingua del potere

La lingua del potere è una lingua pericolosa, raggelata e "unreceptive to interrogation", scrive Toni Morrison: impermeabile all'interrogazione.

Il punto interrogativo è forse l'interpunzione più importante. Questa affermazione si legge in un libro commovente e terribile che spiega il mondo e la storia attraverso una formidabile riflessione sul linguaggio: *LTI. La lingua del Terzo Reich*, di Victor Klemperer. Il sottotitolo è: *Taccuino di un filologo*.

Nelle pagine di *1984*, George Orwell costruisce e descrive un mondo pauroso ma fantastico, un'utopia negativa che esiste solo nella realtà della scrittura. Nelle pagine di *La lingua del Terzo Reich* Victor Klemperer, che non a caso fu filologo, ricostruisce e spiega un mondo pauroso e reale. Quello del regime nazista.

Il *Taccuino* – apparso in traduzione italiana solo nel 1998 – fu pubblicato in Germania poco

37

dopo la fine della Seconda guerra mondiale, nel 1947: i materiali in esso raccolti sono ricavati da una mole vastissima di annotazioni redatte a partire dal 1933.

Per Klemperer le riflessioni sugli anni e sul linguaggio del nazismo, riflessioni che avrebbero potuto costargli la vita, rappresentano la forma e la sostanza della sua battaglia contro il nazismo: "È questo" scriveva "il mio modo di essere eroico".

Ebreo, figlio di un rabbino riformato, Klemperer – che nel 1912 si convertì al protestantesimo – aveva sposato una tedesca non ebrea e aveva combattuto come volontario nella Prima guerra mondiale. Queste circostanze gli permisero di essere, in realtà, un privilegiato: pur costretto a vivere in uno *Judenhaus* – casa di residenza forzata per ebrei – e a conoscere la miseria, la fame, le umiliazioni, egli sfuggì al destino della deportazione e della morte.

Klemperer affida la difesa della sua dignità, il suo diritto e il dovere di sopravvivere e testimoniare, all'indagine accurata e implacabile – dotata di "quel tanto di pedantesco che si annida in ogni filologo" – delle parole. E dunque al suo lavoro, che pure gli era stato proibito di esercitare.

Aveva insegnato filologia a Dresda fino al 1935: rimosso dall'insegnamento a seguito delle leggi razziali, fu obbligato al lavoro in fabbrica. Divenne operaio, e solo nel 1947 sarebbe stato reintegrato nel ruolo accademico. Negli anni della persecuzione, tuttavia, egli non smise mai di essere filologo: continuamente annotò, registrò, censì la progressiva torsione, l'abuso, la violenza esercitati sulla lingua – le parole, le forme, i significati, gli stilemi, l'interpunzione – dal regime nazista.

George Steiner ha osservato che le ideologie cosiddette competitive, come il nazismo – e io aggiungerei: il fascismo e altre, meno palesemente totalitarie – non producono lingue creative, e solo di rado elaborano nuovi termini: molto più spesso "saccheggiano e decompongono la lingua della comunità", manipolandola e usandola come un'arma. Questa caratteristica della "lingua Tertii Imperii", l'essere oppressiva e parassitaria insieme, emerge con tragica evidenza dalle pagine del *Taccuino* di Klemperer.

"Il Terzo Reich ha coniato pochissimi termini nuovi, forse verosimilmente addirittura nessuno. La lingua nazista in molti casi si rifà a una lingua straniera, per il resto quasi sempre al tedesco prehitleriano: però muta il valore delle parole e la loro frequenza, trasforma in patrimonio comune ciò che prima apparteneva a un singolo o a un gruppuscolo, requisisce per il partito ciò che era patrimonio comune e in complesso impregna del suo veleno parole, gruppi di parole e struttura delle frasi, asservisce la lingua al suo spaventoso sistema."

Quando rievoca le modalità della propaganda nazista, nel tentativo di capirne l'efficacia, Klemperer osserva:

"No, l'effetto maggiore non era provocato dai discorsi e neppure da articoli, volantini, manifesti e bandiere, da nulla che potesse essere percepito da un pensiero o da un sentimento consapevoli. Invece il nazismo si insinuava nella carne e nel sangue della folla attraverso le singole parole, le locuzioni, la forma delle frasi ripetute milioni di volte, imposte a forza alla massa e da questa accettate meccanicamente e inconsciamente. [...] Ma la lingua non si limita a creare e pensare per me, dirige anche il mio sentire, indirizza tutto il mio essere spirituale quanto più naturalmente, più inconsciamente mi abbandono a lei. E se la lingua colta è formata di elementi tossici o è stata resa portatrice di tali elementi? Le parole possono essere come minime dosi di arsenico: ingerite senza saperlo sembrano non avere alcun effetto, ma dopo qualche tempo ecco rivelarsi l'effetto tossico".

Le parole come minime dosi di arsenico, dall'effetto lentamente, inesorabilmente tossico: questo è il pericolo delle lingue del potere e dell'oppressione, e soprattutto del nostro uso – e riuso – inconsapevole e passivo.

Per questo è necessaria la cura, l'attenzione, la perizia da disciplinati artigiani della parola, non solo nell'esercizio attivo della lingua – quando parliamo, quando scriviamo – ma ancor più in quello passivo: quando ascoltiamo, quando leggiamo.

La lingua del Terzo Reich, pericolosa come un veleno, è una lingua di "estrema povertà" (un intero capitolo del *Taccuino*, il terzo, si intitola «Caratteristica fondamentale: povertà»): perché si fonda su un sistema tirannico pervasivo; perché impone un unico modello di pensiero; perché, "nella sua limitatezza autoimposta, poteva esprimere solo un lato della natura umana".

La lingua, "se può muoversi liberamente", è per natura ricca, perché si piega a esprimere, a dire tutte le esigenze, tutti i sentimenti umani: e dunque, come contravveleno, converrà ricordare che – non per pedanteria filologica, ma per autoconservazione – bisogna combattere l'impoverimento della lingua, la sciatteria dell'omologazione, la scomparsa delle parole.

È una lingua, quella nazista, costruita sulle frasi fatte, e forte della loro ripetizione stolida: perché, ammonisce Klemperer, "proprio le frasi fatte si impadroniscono di noi".

Di noi e, aggiungerei, della politica, che, negli ultimi vent'anni, nel nostro Paese è stata più che mai dominata dalla ripetizione di slogan volgari ma virali e di metafore grossolane: "la Lega ce l'ha duro"; "la discesa in campo"; "il presidente eletto dal popolo"; "i magistrati comunisti"; "lasciatelo lavorare"; e infine quello più triviale e pericoloso, nella sua apparente, innocua banalità: "la politica del fare".

D'altra parte, scriveva Primo Levi, "quante sono le menti umane capaci di resistere alla lenta, feroce, incessante, impercettibile forza di penetrazione dei luoghi comuni?".

La ripetizione continua, ossessiva, è uno degli stilemi principali di una lingua totalitaria, laddove il totalitarismo della lingua non va sempre e necessariamente insieme al totalitarismo della forma di governo. È, quella totalitaria, una lingua gonfia di odio e di isterismo, che si appropria delle parole e le usurpa, nutrendo con esse le minacce, le allusioni a complotti, i tentativi di creare e seminare tensione; una lingua che dice per poi negare di aver detto; che disprezza i cittadini allo stesso modo degli avversari politici.

Nella lingua del Terzo Reich, tronfia e urlata, "lo stile obbligatorio per tutti era quello dell'imbonitore".

Forse non solo in quella lingua, non solo allora.

# 4
## Il furto delle parole:
## democrazia e libertà

L'usurpazione, il furto delle parole è un fenomeno lento, progressivo e ricorrente.

Esso era già noto agli antichi, e fu riconosciuto anzitutto dagli storici. Nel v secolo a.C. Tucidide descrive la guerra civile di Corcira (Corfù) e annota:

"Cambiarono a piacimento il significato consueto delle parole in rapporto ai fatti. L'audacia sconsiderata fu ritenuta coraggiosa lealtà verso i compagni, il prudente indugio viltà sotto una bella apparenza, la moderazione schermo alla codardia, e l'intelligenza di fronte alla complessità del reale inerzia di fronte ad ogni stimolo: l'impeto frenetico fu attribuito a carattere virile, il riflettere con attenzione fu visto come un sottile pretesto per tirarsi indietro. Chi inveiva infuriato, riscuoteva sempre credito, ma chi lo contrastava, era visto con diffidenza. Chi avesse avuto fortuna in un intrigo era intelligente, chi l'avesse intuito era ancora più bravo; ma provvedere in anticipo ad evitare tali maneggi significava apparire disgregatore della propria eteria, e terrorizzato dagli avversari".

Quattro secoli dopo, a Roma, Sallustio fa dire a Catone:

"Davvero abbiamo smarrito da tempo il vero significato delle parole. Profondere i beni altrui vien detto liberalità, la spregiudicatezza nelle male azioni è sinonimo di forza d'animo; per questo lo Stato è caduto tanto in basso!".

E nel medesimo orizzonte concettuale, a distanza di oltre duemila anni, il poeta polacco Czesław Miłosz, che sperimentò la persecuzione e l'esilio, osservava: "Chiunque detenga il potere può controllare anche il linguaggio, e non solo con le proibizioni della censura, ma cambiando il significato delle parole".

Cambiare i significati – o, più semplicemente, confonderli e cancellarli – è la premessa per l'impossessamento abusivo di parole chiave del lessico politico e civile. Esse vengono distorte, piegate, snaturate, e infine scagliate con violenza contro gli avversari.

Prima fra tutte, la nozione di democrazia è stata esposta, storicamente, alle manipolazioni più pericolose: logorata da un uso arrogante, questa parola, come ha segnalato Luciano Canfora, rappresenta un caso esemplare.

Alla fine degli anni Cinquanta Giovanni Sartori, in un libro dedicato a *Democrazia e definizioni*, insisteva sulla necessità di una conoscenza critica e non casuale della parola democrazia, perché "viviamo nell'età della confusione democratica, della 'democrazia confusa': e cioè nell'indefinito, manipolando e sentenziando su una democrazia che non sappiamo più bene cosa sia. [...] Se uno stesso vocabolo può nobilitare pratiche tanto opposte e ripugnanti, è chiaro che quel nome non significa più nulla, e che non sappiamo di cosa stiamo parlando".

Osservazioni che inducono a riflettere con molta attenzione sul contenuto di taluni proclami e sul loro sottofondo nebuloso e carico di minaccia.

Nel novembre del 1999, Berlusconi accusava la sinistra italiana di voler impedire "una vera democrazia, una vera giustizia e una vera libertà". Rimane nell'ombra il significato delle locuzioni "vera democrazia" e "vera libertà", mentre suona particolarmente inquietante, alla luce dell'evolversi dei fatti nei dieci anni successivi, l'evocazione di una "vera giustizia".

Molte riflessioni saranno dedicate, nelle pagine che seguono, alla storia delle parole: la storia che esse in sé raccontano e la storia che hanno conosciuto nel tempo. Le parole sono durevoli, e più delle altre lo sono le parole della politica, perché durevoli sono i meccanismi dell'agire politico. Anche per questo, in certe parole si può sentire il profumo del futuro.

***

Insieme con *democrazia*, e forse con più determinazione e violenza, è stata in questi anni usurpata la parola *libertà*: la libertà "beninteso non di tutti, ma quella di coloro che, nella gara, riescono più 'forti' (nazioni, regioni, individui)", come ha messo in evidenza Luciano Canfora.

*Libertà* è parola difficile da maneggiare e – in parallelo con un'altra parola importante, ambigua e pericolosissima: *popolo* – più di altre soggetta agli abusi dei ladri di parole. Oggi, come nel passato. Già nella Roma repubblicana, "libertà e legalità sono parole altisonanti: dovranno essere spesso tradotte, a mente fredda, con privilegi e interessi costituiti".

La "libertà" invocata dai ceti – o anche solo da singole persone – economicamente dominanti al fine di salvaguardare interessi e privilegi particolari non è solo, come si intuisce, un tratto di Roma antica.

In un libro recente, significativamente intitolato *La libertà dei servi*, Maurizio Viroli ha messo in luce come la libertà dei cittadini, a differenza della libertà dei sudditi, non sia "una li-

46

bertà *dalle* leggi, ma una libertà *grazie* o *in virtù* delle leggi. Perché vi sia vera libertà è necessario che tutti siano sottoposti alle leggi o, come recita il classico precetto, che le leggi siano più potenti degli uomini. Se invece in uno Stato c'è un uomo che è più forte delle leggi non esiste la libertà dei cittadini". Tutt'al più, appunto, quella dei sudditi o addirittura dei servi.

Già in alcune formulazioni del pensiero antico la somma *libertas* consiste nell'essere servi, ma servi della legge. Nel quarto libro delle *Leggi* Platone osserva: "Coloro che di norma vengono chiamati governanti io li ho chiamati 'servitori delle leggi', non per stravaganza nell'uso delle parole, ma perché sono convinto che in ciò soprattutto stia tanto la salvezza di uno Stato, quanto la sua decadenza".

E, nell'orazione *In difesa di Cluenzio* (66 a.C.), Cicerone così si esprime: "tu devi necessariamente concedermi che è una vergogna molto maggiore che in uno stato di diritto si trasgrediscano le leggi. Questo è infatti il vincolo che garantisce la nostra posizione sociale in seno allo Stato, questo il fondamento della libertà, questa la fonte della giustizia; la mente, l'anima, il senno, il pensiero di una comunità, tutto è basato sulle leggi. Come il nostro corpo non può reggersi senza la mente, così lo Stato senza la legge non può valersi delle sue parti, che sono come i suoi nervi, il suo sangue, le sue membra. Ad applicare le leggi sono chiamati i magistrati, a interpretarle i giudici, ma tutti, per concludere, siamo al servizio delle leggi per poter essere liberi".

In uno stato di diritto – va da sé – chi governa *serve* le leggi: non le asservisce ai propri bisogni. E nell'*Epistola agli scelleratissimi Fiorentini*, Dante scriverà: "L'osservanza delle leggi, se lieta, se libera, non solo non è schiavitù ma è anzi, a chi ben guardi, essa stessa suprema libertà".

Una formulazione, potremmo soggiungere, che confligge apertamente con l'evocazione indistinta e prepolitica della libertà assurta – in unione all'altrettanto prepolitica, confusa e dunque demagogica evocazione del "popolo" – a nome di partito.

È forse superfluo fermarsi sul carattere demagogico e populista di questo nesso: ma certo non è un caso se, nei discorsi pubblici di Berlusconi, *libertà* è – fra le espressioni indicanti i valori sociali – la più frequente; e, all'opposto, quella che ricorre più di rado è invece *bene comune*.

Il discorso definito *Il credo laico di Forza Italia* è costruito sulla struttura del Credo, e comincia così: "Noi crediamo nella libertà, in tutte le sue forme, molteplici e vitali". Questo *incipit* è seguito da un elenco di forme della libertà, dalla libertà di pensiero e di espressione alla libertà di impresa e di mercato. E così conclude: "[...] da liberisti, crediamo nei meccanismi del libero mercato che sa combinare insieme gli egoismi individuali e trasformarli in benessere collettivo, così come crediamo negli effetti positivi per tutti della competizione, della concorrenza e del progresso che non può esserci se non c'è la libertà".

Libertà e liberismo non sono sinonimi: mettere insieme i due concetti, confondendoli, significa inquinare le parole e la verità, e per conseguenza gli argomenti del dibattito politico e civile.

\*\*\*

In bilico fra i toni del romanzo d'appendice e quelli dei talk-show spazzatura si colloca un altro caso emblematico di usurpazione e danneggiamento di una parola importante e delicata: *amore*.

*L'amore vince sempre sull'invidia e sull'odio* è il titolo del volume che raccoglie parte dei messaggi di sostegno giunti – a quanto pare – a Silvio Berlusconi dopo l'aggressione subita in piazza Duomo a Milano, a opera di uno squilibrato, il 13 dicembre 2009.

Il libro evoca volontà e consenso del *popolo* per legittimare una visione autocratica del potere.

Come segno di riconoscenza, ho deciso di raccogliere in questo libro una selezione dei tanti messaggi di sostegno e di incoraggiamento che mi sono giunti. È la testimonianza pubblica di quell'Italia che sa amare. [...] Nei giorni della mia convalescenza, mi sono ancora più persuaso che davvero l'amore vince su tutto, non solo sull'odio che rende violente contro l'avversario politico le menti più fragili. Quando, dall'ospedale, ho lanciato questo messaggio, in molti hanno ironizzato: io resto convinto che questa sia la via giusta per uscire dai problemi del nostro Paese.

Già prima della pubblicazione, il 26 dicembre, qualche giorno dopo l'aggressione, Berlusconi aveva evangelicamente dichiarato: "Mettiamoci insieme, tutti noi, persone di buona volontà", perché "una volta di più dico che l'amore vince su tutto". "I nostri avversari hanno ironizzato dicendo che stiamo quasi dando vita ad un partito dell'amore. Io lo dico senza ironia: è proprio così."
Ha scritto Zagrebelsky che la – metaforica – chiamata alle armi dei cittadini al seguito di parole d'ordine e contrapposizioni elementari e del tutto vuote (amore-odio, vecchio-nuovo, bene-male) è cosa da "imbroglioni della politica": sono parole che possono far vincere le elezioni, "ma intanto spargono germi totalitari".
Quello di "partito dell'amore" è un conio

che forse a qualcuno rievocherà il partito fondato nel 1991 dai sostenitori della pornostar – e parlamentare – Ilona Staller. Questo nesso, incurante del ridicolo e dell'assonanza con il singolare precedente che si è evocato, tiene insieme la nozione politica, e dunque storica, di "partito" con una parola che rinvia alla più evanescente sfera dei sentimenti: un vero e proprio ossimoro, poiché "amore e odio sono sentimenti, e come tali appartengono alla dimensione prerazionale e non di rado irrazionale dell'uomo".

L'amore e l'odio non figurano "nei dizionari del lessico politico redatti in anni che pure erano colmi di passioni". L'amore – come l'odio – non consente l'argomentazione, il dubbio critico, la mediazione, "che sono figure essenziali della buona politica": la mozione degli affetti, l'evocazione del sentimento prepolitico permette tuttavia di catturare incondizionatamente un consenso fondato sugli istinti, non sulla ragione.

Uno studio recente analizza il linguaggio di Silvio Berlusconi secondo il metodo quantitativo, sottoponendolo a una rigorosa analisi statistica. Con questo risultato: il linguaggio "di B." è un linguaggio "profondamente irrazionale, volto programmaticamente a oscurare neutralizzando differenze, ad aizzare le parti ad esempio con la metafora della guerra, a infantilizzare il pubblico con la metafora del calcio o metafore 'diminutive', a conquistare l'affetto del pubblico invece di spingerlo a fare scelte ragionando".

Un tale lessico pubblico, più di ogni altro, fa appello al patetismo e alle emozioni elementari. Cioè ai fattori che – opportunamente manipolati con un uso accorto del linguaggio e della retorica – hanno rappresentato il fondamento e la legittimazione dei regimi totalitari.

Il potere costituito su basi emotive è l'opposto della democrazia, che si fonda invece sulla discussione critica, sull'argomentazione, sulla ricezione di istanze molteplici: è un potere "che regredisce alla logica primitiva dell'amico/nemico, da cui la cultura occidentale ha cercato di emanciparsi *proprio attraverso la politica*, intesa come gestione razionale di interessi contrastanti [corsivo mio]".

Il partito dell'amore è – fin dalla sua stessa definizione, fin dall'astuta, ma smascherabile scelta delle parole – il contrario della buona politica.

Non solo: il paradossale nesso "partito dell'amore" confligge in modo palese con le dichiarazioni, i comportamenti, la stessa rabbiosa mimica facciale di chi l'ha inventato. Lo ha chiarito bene Adriano Sofri: "l'amore con la bava alla bocca, l'amore che strappa i capelli altrui".

Non sarà inutile registrare qualche esempio della pacata benevolenza con cui il fondatore del partito dell'amore si è rivolto, dal momento del suo ingresso in politica, ai suoi avversari (o a quelli, come i magistrati, che *considera* suoi avversari):

"Veltroni è un coglione" (3/9/1995). "Veltroni è un miserabile" (4/4/2000). "Giuliano Amato, l'utile idiota che siede a Palazzo Chigi" (21/4/2000). "Prodi? Un leader d'accatto" (22/2/1995). "Prima delle elezioni ho potuto incontrare due sole volte in tv il mio avversario, e con soli due minuti e mezzo per rispondere alle domande del giornalista e alle stronzate che diceva Prodi" (2/7/2007). "Il centro-sinistra? Mentecatti, miserabili alla canna del gas" (4/4/2000). "Sono in politica perché il Bene prevalga sul Male. Se la sinistra andasse al governo l'esito sarebbe questo: miseria, terrore, morte. Così come avviene ovunque governi il comunismo" (17/1/2005). "I giudici sono matti, antropologicamente diversi dal resto della razza umana. Se fai quel mestiere, devi essere affetto da turbe psichiche" (10/9/2003). "Il presidente Scalfaro è un serpente, un traditore, un golpista" (16/1/1995). "Ma vaffanculo!" (accompagnando l'insulto con un gesto della mano, mentre il presidente emerito Scalfaro denuncia in Senato il "servilismo" della politica estera del suo governo nei confronti degli Usa sull'Iraq, 27/9/2002).

Scrive Klemperer nella sua riflessione sulla lingua dei nazisti: "Le asserzioni di una persona possono essere menzognere, ma nello stile del suo linguaggio la sua vera natura si rivela apertamente".

# 5

## In principio era il Verbo

In principio era il Verbo, il *logos*. L'*incipit* del Vangelo di Giovanni è un luogo obbligato per chiunque intenda riflettere sul potere della parola.

In un passo molto celebre del *Faust*, Goethe immagina che Faust, poco prima che gli appaia Mefistofele, sperimenti diverse traduzioni dell'inizio del Vangelo di Giovanni (vv. 1224-1237):

> *Apre un grosso volume e si accinge a tradurre*
> Sta scritto: "In principio era *la Parola*".
> E eccomi già fermo. Chi m'aiuta a procedere?
> M'è impossibile dare a "*Parola*"
> tanto valore. Devo tradurre altrimenti,
> se mi darà giusto lume lo Spirito.
> Sta scritto: "In principio era *il Pensiero*".
> Medita bene il primo rigo,
> ché non ti corra troppo la penna.
> Quel che tutto crea e opera, è *il Pensiero*?

Dovrebb'essere: "In principio era *l'Energia*".
Pure, mentre trascrivo questa parola, qualcosa
già mi dice che non qui potrò fermarmi.
Mi dà aiuto lo Spirito! Ecco che vedo chiaro
e, ormai sicuro, scrivo: "In principio era *l'Azione*"!

Faust sostituisce "das Wort" (la parola) con
"der Sinn" (il pensiero), "die Kraft" (l'energia)
e, infine, con "die Tat" (l'azione).

Quest'ultima forma fu cara a Hitler, che disse
una volta: "Io non amo Goethe. Ma sono disposto a perdonargli molto per via di una sola
parola: 'In principio era l'*azione*'".

È una deformazione inquietante: il significato di *logos*, privato del valore della parola e
del pensiero, diviene azione senza senso, azione
senza pensiero.

Sarà bene riflettere sulle degenerazioni cui può
condurre l'enfasi del "fare", usato assolutamente e
senza oggetto come piace a molti: un "fare" astrat-
to e indeterminato che, proprio per fondarsi sul
primato dell'azione e non del pensiero, rischia di
essere, nel migliore dei casi, un contenitore vuoto.
Ne consegue, fatalmente, il disprezzo retorico, e
pericolosissimo, per le "parole", che invece fon-
dano l'azione e la iscrivono in un panorama di
senso. "È una scelta di campo tra il fare e le parole" ha dichiarato Berlusconi nel presentare le can-
didate del PdL all'inizio del 2010. Per l'appunto.

Lo svuotamento di senso delle parole come conseguenza di usi manipolatori o anche solo di negligenza e sciatteria non è prerogativa di una certa destra e della sua propaganda. Analogo fenomeno si verifica sull'altro versante dello schieramento politico-culturale, anche se, perlopiù, con diverse modalità, diversa consapevolezza e diverse conseguenze.

Un esempio, solo all'apparenza secondario, potrà illustrare il fenomeno.

Il glossario delle forze politiche che a vario titolo si considerano progressiste include una locuzione spesso ripetuta: *le parole d'ordine della sinistra*. Essa è utilizzata per alludere ai valori che caratterizzano (o dovrebbero caratterizzare) la costellazione morale di quelle forze: uguaglianza, lavoro, giustizia sociale, pace, solidarietà, tolleranza.

Correttamente analizzata, questa locuzione svela però un contenuto paradossale. Parola d'ordine indica infatti l'espressione, la formula *segreta* che serve a superare un controllo e ad accedere a un luogo, fisico o virtuale, sottoposto a vigilanza. Un tipo di parola d'ordine è la *password*, utilizzata quotidianamente, da tutti noi, per accedere ai sistemi informatici.

La caratteristica saliente delle parole d'ordine è nell'essere del tutto svincolate dai significati. Esse non valgono per la capacità di creare e comunicare senso, ma solo per la capacità di attivare effetti meccanici di riconoscimento. Esse sono chiavi, sono oggetti inerti il cui significato è completamente indifferente rispetto alla funzione.

A ciò si aggiunga che le parole d'ordine sono, per definizione, entità segrete che riguardano ambiti chiusi e ristretti ed escludono chi di tali ambiti non faccia parte.

Date queste premesse, è agevole comprendere come la locuzione *parole d'ordine della sinistra*, nel suo rilievo apparentemente marginale, sia in realtà una vera e propria metafora dell'attuale condizione delle forze progressiste nel nostro Paese.

Questa locuzione allude infatti all'uso di parole importantissime, svuotate del loro significato e ripetute come meri, meccanici slogan. Essa allude, soprattutto, a un carattere completamente cieco e autoreferenziale della comunicazione. Parole d'ordine meccaniche e segrete non trasmettono nulla (men che meno valori ed emozioni) e non includono nessuno.

\*\*\*

Nel 1991, così Nadine Gordimer aprì il suo discorso di accettazione del Premio Nobel, intitolato *Scrivere ed essere*:

Nel principio era la Parola.

La Parola era presso Dio, significava la Parola di Dio, la Parola che era Creazione. Ma, nel corso di secoli di cultura umana, la parola ha acquisito altri significati, tanto secolari che religiosi. Avere la parola è divenuto sinonimo di autorità suprema, di prestigio, di potere di persuasione enorme e talvolta pericoloso, di facoltà di apparire nella fascia oraria di massimo ascolto o in un talk-show televisivo, di dono dell'eloquenza o delle lingue. La parola vola attraverso lo spazio, rimbalzata dai satelliti, più vicina di quanto lo sia mai stata a quel cielo dal quale si credeva provenisse. Ma la sua trasformazione più significativa, per me e per quelli come me, è accaduta molto tempo fa, quando venne incisa per la prima volta su una tavoletta di pietra o tracciata su un papiro, quando si materializzò passando da suono a rappresentazione, dall'essere udita all'essere letta come una serie di segni e poi come uno scritto; e viaggiò attraverso il tempo dalla pergamena a Gutenberg. Perché è questa la genesi dello scrittore, o della scrittrice: è la storia che lo ha scritto, facendolo essere. [...] noi [scrittori] passiamo la vita a cercare di interpretare attraverso la parola le tracce che cogliamo nelle società, nel mondo di cui siamo parte. È in questo senso, nel senso di questa inestricabile, ineffabile partecipazione, che scrivere è sempre e contemporaneamente un'esplorazione di sé e del mondo; dell'essere individuale e dell'essere collettivo. Essere qui.

*Logos* significa parola, discorso, lingua, racconto. Si connette al verbo *lego*, che indica le azioni del raccontare, del parlare: ma anche, già in Omero, del mettere insieme, del raccogliere, del disporre le cose l'una accanto all'altra secondo un ordine razionale, dello *scegliere* con attenzione. Nella letteratura filosofica greca il significato di *logos* si allarga a indicare le parole che distinguono le cose tra loro, i rapporti esistenti fra le cose.

Ma è anche la frase costruita nel rispetto dell'ordine e della *ratio* grammaticale, una struttura coerente del pensiero in cui l'ordine delle parole rispecchia l'ordine delle cose. Secondo Aristotele, il *logos* è proprio dell'essere umano, perché solo l'essere umano parla e capisce. Il *logos* – la parola, il pensiero, la capacità di scegliere, l'abilità di raccontare – distingue l'uomo da tutte le altre creature viventi.

\*\*\*

E allora, dopo queste premesse, proviamo a giocare con alcune parole, scelte in modo personale e inevitabilmente arbitrario. Così come, allo stesso modo, arbitraria e del tutto aperta è l'operazione di smontaggio, di ricostruzione e di restituzione di senso.

Sono parole elementari, che appartengono al linguaggio comune. Parole primarie, spesso gravemente svuotate: il tentativo è dunque quello di riempirle, restituire loro vita, renderle, secondo l'espressione del filosofo francese Brice Parain, "pistole cariche".

Partiremo da *vergogna*, procedendo attraverso *giustizia*, *ribellione*, *bellezza*, per arrivare infine alla parola – all'idea – che esprime la più umana, pericolosa, nobile ed eroica fra le dimensioni umane: *scelta*.

# 6

## Vergogna

Tutti abbiamo sperimentato l'intensità, la violenza talvolta, di questo sentimento persistente, doloroso, difficile. La durevolezza della vergogna è stata scolpita da Dante nel XXX canto dell'*Inferno*: nella bolgia dei falsari, Virgilio rimprovera Dante, e Dante sente "tal vergogna / ch'ancor per la memoria mi si gira".

La vergogna – la parola, e il sentimento – ricorre con sorprendente frequenza nelle opere di Shakespeare: ben 344 volte. La vergogna muove l'azione di Otello, di re Lear, di Antonio. Iago e Riccardo III, invece, sono dominati dal suo opposto, dalla mancanza di vergogna, che la lingua inglese esprime con un'unica parola: *shamelessness*.

I contrari sono molto meno ovvi, vincolati e meccanici di quanto pensiamo: il contrario di *felicità* è, certamente, *infelicità*. Basta aggiungere, come si dice, un prefisso. Per me però, ad esempio, il contrario della *felicità* è un altro: è la *noia*. I contrari, insomma, se indagati in modo non automatico, possono suggerire molte cose inattese sul significato delle parole.

L'italiano non possiede – a me pare – un termine che con la stessa sintesi di *shamelessness* si opponga a vergogna, ne rappresenti il contrario, in una polarità linguistica evidente. Una rapida perlustrazione dei dizionari offre diversi contrari, nessuno dei quali munito dell'efficacia della parola inglese: cinismo, impudenza, sfacciataggine, protervia, sfrontatezza, svergognatezza, sguaiataggine, scurrilità.

Sul piano puramente formale, il poco diffuso *svergognatezza* in apparenza potrebbe costituire il perfetto opposto di vergogna, con il prefisso *s-* a indicare, com'è noto, allontanamento, separazione, negazione, privazione, assenza o cessazione. Neppure questa parola, tuttavia, riesce a esprimere con efficacia l'assenza del sentimento della vergogna: sembrerebbe piuttosto adattarsi bene al rimprovero di una anziana zia davanti alla nipote poco vestita.

Evidentemente, bisogna cercare ancora.

Come tutti sappiamo per diretta esperienza, la vergogna conosce una vastissima possibilità di gradazioni: dall'imbarazzo transitorio ed episodico all'umiliazione più devastante e durevole. All'estremo di questo arco, la vergogna è anche – ed è questa l'accezione che ci preme – il "sentimento più o meno profondo e intenso di turbamento, di mortificazione, derivante dalla consapevolezza che un atto, un comportamento, un discorso proprio o altrui sono riprovevoli, disonorevoli o sconvenienti".

Fra i numerosi contrari di questa accezione: *decoro*, *onore* e, soprattutto, *dignità*.

Ancora una volta, può aiutarci una breve riflessione di carattere etimologico.

Il nesso fra vergogna e rispetto è immediatamente operante nelle lingue classiche: la radice del latino *verecundia* – da cui *vergogna* deriva – è la medesima di *vereor*, che significa *rispettare*.

Anche nella lingua greca antica, le nozioni di *vergogna* e *onore* sono inscindibili, nella parola *aidós* – pudore, rispetto – e nel verbo *aidéomai* (che può significare *provo vergogna dinanzi a* e, in altri contesti, *rispetto*).

Per i Greci, non può darsi *aidós* senza *timé*, senza onore: onore proprio e onore degli altri sono un'unica cosa.

Il nesso tra vergogna e onore appartiene anche a culture diverse da quella occidentale: in giapponese, le parole che indicano il rispetto per una persona con cui si è contratto un debito di gratitudine insistono sulla vergogna, sul senso di inferiorità dell'uno rispetto all'altro. Un parallelo della nozione greca di *aidós* si incontra nel beduino *hasham*, e termini che uniscono i concetti di vergogna e rispetto occorrono anche nel lessico degli aborigeni australiani.

La vergogna è determinata dalla percezione, o dalla paura, della violazione, dinanzi a se stessi e dinanzi agli altri, di una norma, di un principio etico, di un ordine del mondo. E dunque possiede anche una dimensione estetica, ha a che fare con la bellezza.

La vergogna non si produce solo in relazione a una sanzione esteriore, alla possibilità che l'inadeguatezza, o la violazione, dell'individuo si manifesti con evidenza: è un'emozione adulta, implica un giudizio su se stessi. Non si esprime solo nel *cosa penseranno di me*, ma, anzitutto, nel *come mi sono ridotto*. La vergogna adulta è dunque collegata alla perdita dell'autostima, prima ancora che della stima degli altri, alla violazione di un codice etico ed estetico interiore prima ancora che sociale.

In questo senso, la vergogna è indice di una "inaudita, spaventosa prossimità dell'uomo con se stesso": ed è forse – come ha scritto Marco Belpoliti in un bel libro recente che si intitola, appunto, *Senza vergogna* – questa inevitabile prossimità, il ravvicinamento, l'intimità con se stessi che la vergogna presuppone a renderla impraticabile a molti.

Non è un caso che il verbo *vergognarsi* sia solo intransitivo: io mi vergogno, ma non posso "vergognare" nessuno. Sono io che mi vergogno e basta, indipendentemente dalla mia diretta responsabilità nell'azione per cui mi vergogno: è il caso della vergogna del "giusto" dinanzi all'orrore dei campi di concentramento, di cui parleremo tra poco; della vergogna del disoccupato, che non ha colpa della sua condizione ma ne ricava ugualmente disagio e grave senso di inadeguatezza.

La vergogna è un'emozione destabilizzante: e forse non è un caso che essa sia stata definita "l'emozione ignorata", "la Cenerentola delle emozioni spiacevoli".

Primo Levi ne ha parlato in molte pagine con acuminata esattezza. Nel 1947 descrive con queste parole, poi confluite in *La tregua*, i primi soldati russi giunti al Lager "gremito di cadaveri e di moribondi":

"Non salutavano, non sorridevano; apparivano oppressi, oltre che da pietà, da un confuso ritegno, che sigillava le loro bocche, e avvinceva i loro occhi allo scenario funereo. Era la stessa vergogna a noi ben nota, quella che ci sommergeva dopo le selezioni, ed ogni volta che ci toccava assistere o sottostare a un oltraggio: la vergogna che i tedeschi non conobbero, quella che il giusto prova davanti alla colpa commessa da altrui, e gli rimorde che esista, che sia stata introdotta irrevocabilmente nel mondo delle cose che esistono, e che la sua volontà buona sia stata nulla o scarsa, e non abbia valso a difesa".

Queste righe mostrano come la vergogna sia un sentimento insieme individuale e sociale. È un'espressione di autonomia morale, di consapevolezza adulta, di responsabilità, finanche rispetto agli altri, alle colpe degli altri. È la "vergogna del mondo":

"Il mare di dolore, passato e presente, ci circondava, ed il suo livello è salito di anno in anno fino quasi a sommergerci. Era inutile chiudere gli occhi o volgergli le spalle, perché era tutto intorno, in ogni direzione fino all'orizzonte. Non ci era possibile, né abbiamo voluto, essere isole; i giusti fra noi, non più né meno numerosi che in qualsiasi altro gruppo umano, hanno provato rimorso, vergogna, dolore insomma, per la colpa che altri e non loro avevano commessa, ed in cui si sono sentiti coinvolti, perché sentivano che quanto era avvenuto intorno a loro, ed in loro presenza, e in loro, era irrevocabile. Non avrebbe potuto essere lavato mai più; avrebbe dimostrato che l'uomo, il genere umano, noi insomma, eravamo potenzialmente capaci di costruire una mole infinita di dolore; e che il dolore è la sola forza che si crei dal nulla, senza spesa e senza fatica. Basta non vedere, non ascoltare, non fare".

Al contrario, a fronte di questa capacità di vergogna universale dinanzi a un orrore universale, colpisce, per la sua pochezza, la fiera rivendicazione dell'assenza di vergogna in situazioni in cui pudore e attenzione sarebbero comunque desiderabili. Ciò non solo in situazioni tragiche come quelle narrate da Levi, ma anche nella quotidiana ricorrenza di vicende banali.

A una ragazza che, appena maggiorenne, ha rivelato di frequentare da anni, con molta intimità, un anziano uomo politico, il padre ha consigliato solo di "andare a testa alta", non avendo niente da nascondere, niente di cui vergognarsi.

Il consiglio del padre della ragazza mette in luce un dato culturale dilagante: la vergogna non c'è più, come commenta Marco Belpoliti.

Anzi, la vergogna sembra investire direttamente e anzitutto se stessa: è vergognoso vergognarsi. La vergogna appare una sorta di ripugnante patologia dalla quale tenersi il più possibile lontani, perché è lo stigma dell'insuccesso, del fallimento, o semplicemente della frustrazione.

L'incapacità di provare vergogna, la *mancanza di vergogna* è – nell'essere un'assenza – pericolosissima e gravida di effetti: "Sola vergogna è non provarne" scrive nei *Pensieri* Blaise Pascal, per paradosso.

Ma solo la capacità di provare vergogna implica la capacità di praticare il suo contrario più interessante: l'onore, la dignità, appunto.

Per questa ragione, non si deve cedere alla vergogna, ma è bene – sarebbe bene – essere capaci di provarla e coltivare questa capacità. Hannah Arendt ha scritto, nel 1945, che la vergogna elementare, dei tedeschi e del mondo, dinanzi all'Olocausto "non ha trovato ancora un'espressione politica adeguata [...]. Il sentimento di vergogna di fronte al fatto stesso di essere uomini non è altro che l'espressione puramente individuale e non ancora politica di questa intuizione".

Il passaggio successivo e ulteriore, a me pare, è proprio nell'attribuzione di un pieno statuto politico a questa parola, in un alone di senso ove rientrano altre parole come onore (cui fa specifico riferimento l'articolo 54 della Costituzione), dignità, responsabilità.

La caratteristica della vergogna, come di altri sentimenti, è di essere un segnale. La capacità di provarla costituisce un fondamentale meccanismo di tutela della salute morale, allo stesso modo in cui il dolore fisiologico è un meccanismo che mira a garantire la salute fisica minacciata. Il dolore è un sintomo che serve a segnalare l'esistenza di una patologia, in modo che sia possibile contrastarla con le opportune terapie. Se una persona non riesce a provare dolore, si accorgerà troppo tardi di essere malata. E lo stesso accade per la vergogna. Come il dolore, così la vergogna è un sintomo, e chi non è in grado di provarla – siano singoli o collettività più o meno vaste – rischia di scoprire troppo tardi di avere contratto una grave malattia morale.

Qualsiasi buon professionista della salute mentale potrebbe dirci che le esperienze vergognose, quando vengono accettate, accrescono la consapevolezza e la capacità di miglioramento, e costituiscono pertanto fattori di crescita. Diversamente dalla colpa, la vergogna può permettere a chi la prova di migliorare se stesso, di rifondarsi.

Quando invece le esperienze che portano vergogna vengono negate o rimosse, provocano lo sviluppo di meccanismi difensivi che isolano progressivamente dall'esterno, inducono a respingere ogni elemento dissonante rispetto alla propria patologica visione del mondo, e così attenuano il principio di realtà fino ad abolirlo del tutto. La capacità di provare vergogna decade con la decadenza della civilizzazione. E la mancanza della vergogna accelera questa decadenza, perché la capacità di provare vergogna (individuale e collettiva) è un elemento fondativo di tutte le aggregazioni sociali.

Negli ultimi tempi, vergogna è parola molto utilizzata. Di norma, al negativo: per escludere, sempre e comunque, di avere alcuna ragione di vergogna, come suggeriva quel padre alla diciottenne. O per intimare agli avversari, di regola con linguaggio e toni violenti, di vergognarsi.

La forma verbale "vergognatevi", o il più indiretto "dovrebbe/dovrebbero vergognarsi", è oggi spesso utilizzata nei confronti di due categorie: i giornalisti, che fanno il loro lavoro raccogliendo notizie, formulando domande e informando il pubblico, e i magistrati, che, analogamente, fanno il loro lavoro raccogliendo notizie, ponendo domande e, se del caso, formulando accuse e redigendo sentenze.

Già nel 2006, Silvio Berlusconi abbandonava lo studio di una trasmissione televisiva intimando alla conduttrice Lucia Annunziata, che faceva il suo lavoro rivolgendogli domande sul tema del conflitto d'interessi, di "vergognarsi".

E vergognarsi devono, allo stesso modo, quei magistrati che osino interessarsi delle ruberie, delle malversazioni, delle losche trame di affaristi emersi da un passato piduistico evidentemente mai dimenticato.

Sono davvero molto poche le cose di cui il presidente del Consiglio abbia invece mai riconosciuto di potersi vergognare egli stesso. Il suo modo di trattare l'argomento ricorda le vezzose risposte di quelli cui viene chiesto di indicare un proprio difetto: sono troppo buono, sono troppo generoso, sono troppo ingenuo, mi fido troppo. Allo stesso modo, vezzosamente, egli manifesta vergogna per il consenso di cui – stando ai sondaggi da lui stesso commissionati – sostiene di godere. O, ancora, lo imbarazza il suo orario di lavoro calvinista: "Mi vergogno quasi a dirlo: sette e un quarto alla mattina, due e mezza, tre la notte".

Nulla di cui vergognarsi, invece, per i comportamenti in bilico fra il malcostume da basso impero e il territorio del penalmente rilevante, che il suddetto presidente del Consiglio e i membri della sua corte hanno esibito dinanzi al Paese e al mondo.

*** 

Carlo Ginzburg ha isolato un manipolo di parole utili per capire il nostro tempo: distanza, "avvocato del diavolo", terrore, e, appunto, vergogna. Ha illustrato l'ultima parola con questo esempio: "Io mi vergogno di Berlusconi, non per Berlusconi". Perché la vergogna non ha necessariamente a che fare con la colpa individuale – lo mette in luce la pagina di Primo Levi che abbiamo ricordato prima –: è un sentimento indotto anche dalla comune appartenenza, come sapeva bene Hannah Arendt. Al genere umano, ma anche a una stessa nazione. C'è qualcuno che, in nome di una comune appartenenza, e senza alcuna colpa individuale, non ha perso la capacità di vergognarsi al posto di chi dovrebbe, ma non sa farlo.

La prima trattazione sistematica, fondativa, intorno alla vergogna si deve ad Aristotele, nell'*Etica Nicomachea*: "Crediamo che i giovani debbano esser pudichi per il fatto che, vivendo sotto il dominio della passione, commettono molti errori e riteniamo che dal pudore vengano frenati; inoltre lodiamo i giovani che lo sono, mentre nessuno loderebbe una persona anziana per l'essere incline al pudore, poiché crediamo che non debba affatto compiere cose per le quali esiste vergogna".

È ovvio, per Aristotele, che un "vecchio" sia "incline al pudore"; è ovvio che un vecchio non debba "compiere cose per le quali esiste vergogna".

Ognuno trovi pure il riferimento all'attualità, se ci riesce e se gli interessa.

La vergogna, il pudore, la paura dell'ignominia proteggono – dovrebbero proteggere – l'uomo, e ancor più l'uomo politico, dalla violazione dei codici etici, interiori ed esteriori. In questo senso *vergogna* è – dovrebbe essere – una parola politica. Nella popolazione nomade dei Puels, come ricorda Belpoliti, la vergogna permette la reintegrazione della persona nel gruppo, ed è dunque un fattore di controllo e pacificazione sociale. Ovunque, essa permette di ricostruire, o almeno di migliorare se stessi. La vergogna si prova – scrive Aristotele nella *Retorica* – per le cose che "hanno rapporto con la legge". Non a caso ancora Aristotele, nell'*Etica Nicomachea*, subito dopo aver trattato il tema della vergogna, dichiara: "Ora parliamo della giustizia".

# 7

# Giustizia

Nel mito platonico della generazione del mondo raccontato nel *Protagora*, gli dei affidano a Prometeo e a Epimeteo il compito di assegnare opportunamente le facoltà a ciascuna stirpe mortale. Epimeteo si incarica della distribuzione, e persuade Prometeo a verificare soltanto il suo operato. Epimeteo, "che non era troppo sapiente", inizia dagli animali, e conferisce ad alcuni forza, ad altri velocità; la possibilità di mettersi in salvo con le ali ad alcuni, di nascondersi sotto terra ad altri; assegna poi zoccoli, pelli, peli, a ciascuna razza secondo le sue necessità. Ma non si accorge di aver esaurito tutte le facoltà con gli animali e di aver lasciato l'uomo "nudo, scalzo, scoperto e inerme". E dunque Prometeo, per offrire comunque all'uomo uno strumento di salvezza, ruba a Efesto e ad Atena il fuoco e l'arte di servirsene: "In tal modo, l'uomo ebbe la sapienza tecnica necessaria per la vita, ma non ebbe la sapienza politica, perché questa si trovava presso Zeus". Privi di sapienza politica, gli uomini "cercavano di raccogliersi insieme e di salvarsi fondando città: ma, allorché si raccoglievano insieme, si facevano ingiustizie l'un l'altro, perché non possedevano l'arte politica, sicché, disperdendosi nuovamente, perivano".

Zeus, pertanto, incarica Ermes di portare agli uomini Aidós e Dike: il rispetto – prossimo e connaturato alla vergogna, come abbiamo detto – e la giustizia terrena, "princìpi ordinatori di città e legami produttori di amicizia". Senza di essi, senza queste due virtù non esiste la politica. Ed è molto suggestivo il modo in cui Zeus ordina a Ermes di assegnarle agli uomini: "Allora Ermes domandò a Zeus in quale modo dovesse dare agli uomini la giustizia e il rispetto: 'Devo distribuire questi come sono state distribuite le arti? Le arti furono distribuite in questo modo: uno solo che possiede l'arte medica basta per molti che non la posseggono, e così è anche per gli altri che posseggono un'arte. Ebbene, anche la giustizia e il rispetto debbo distribuirli agli uomini in questo modo, oppure li debbo distribuire a tutti quanti?'. E Zeus rispose: 'A tutti quanti. Che tutti quanti ne partecipino, perché non potrebbero sorgere città, se solamente pochi uomini ne partecipassero, così come avviene per le altre arti. Anzi, poni come legge in mio nome che chi non sa partecipare del rispetto e della giustizia venga ucciso come un male della città'."

Nel racconto platonico, l'arte politica consiste nell'esercizio del rispetto e della giustizia: essi sono i fondamenti della civile convivenza e debbono essere posseduti da tutti i cittadini. Chi non sa parteciparne è "un male della città".

Curiosamente, chi è incapace di provare vergogna non frequenta volentieri neppure la giustizia. La rifugge, nei modi e con gli espedienti più vari. Denigra coloro che la esercitano e la rappresentano. Cerca di modificare le leggi per piegarle alle proprie esigenze e ai suoi voleri personali.

Scrive Giorgio Scerbanenco in *Venere privata*: "Oggi ci sono i banditi con l'ufficio legale a latere. [...] Vogliono che gli altri stiano al gioco, alle regole, ma loro non ci vogliono stare".

Il romanzo di Scerbanenco è del 1966 e la sua frase è sinistramente profetica. Negli ultimi anni il Parlamento italiano ha ripetutamente approvato leggi di tipologia inusuale per una democrazia avanzata e per uno stato di diritto: le cosiddette leggi *ad personam*. In queste leggi il perseguimento di interessi privati deforma e stravolge la funzione propria del potere legislativo, che consiste – *dovrebbe* consistere – nell'elaborare provvedimenti di contenuto generale, non destinati a risolvere specifiche controversie nell'interesse personale di specifici soggetti.

La nostra riflessione sulla parola *giustizia* non potrà che trarre profitto da una rapida panoramica dei più significativi fra questi provvedimenti di legge.

Nel 2001 veniva approvata la legge numero 367 che, nel tentativo di rendere assai difficile l'utilizzabilità di prove acquisite attraverso una rogatoria internazionale, mirava a impedire l'accertamento del reato di corruzione in atti giudiziari commesso da Cesare Previti, già ministro della Difesa nel primo governo Berlusconi nonché amico e avvocato personale del predetto.

Sempre nel 2001, con la legge numero 61, veniva depenalizzato il grave reato di falso in bilancio, allo scopo – effettivamente conseguito – di consentire l'assoluzione di Berlusconi, che di quel delitto era imputato in due processi.

Nel 2002 veniva approvata la legge numero 248 sul cosiddetto legittimo sospetto, finalizzata al tentativo di rallentare e paralizzare i processi nei quali erano imputati Berlusconi e Previti.

Nel 2003 veniva approvata la legge numero 140, denominata lodo Schifani, normativa esplicitamente (e, direi, brutalmente) diretta a impedire la celebrazione di ogni processo a carico dell'imputato Berlusconi. La legge veniva dichiarata incostituzionale dalla sentenza della Consulta numero 13 del 2004.

A proposito di manipolazione orwelliana del

linguaggio è interessante notare l'uso, del tutto improprio ma terribilmente efficace, della parola *lodo*, con riferimento a questa legge. Per il Devoto-Oli il lodo è una "formula di transazione o di compromesso in una controversia, proposta da una persona di riconosciute imparzialità e autorevolezza".

Risulta piuttosto arduo individuare anche uno solo di questi requisiti nel cosiddetto lodo Schifani e nella vicenda che portò alla sua approvazione. Non si trattava di un compromesso o di una transazione (non esistendo peraltro alcuna controversia da comporre), ma di una brutale imposizione della maggioranza di destra, con grave violazione del principio di uguaglianza dei cittadini. Il proponente era persona di riconosciuta *parzialità*. La sua autorevolezza era oggetto di opinioni alquanto divergenti.

La definizione di lodo, per la legge Schifani, era dunque tecnicamente errata. Non è dato di sapere quanto tutti i protagonisti della vicenda politica, da una parte e dall'altra dello schieramento, fossero consapevoli di questo slittamento semantico. Certo è che dal punto di vista della propaganda, della manipolazione dell'opinione pubblica, essa fu una mossa tanto spregiudicata quanto efficace. Chiamando lodo ciò che lodo non era, infatti, si comunicava falsamente un'idea di bonaria, imparziale, autorevole sistemazione di una controversia, con reciproca soddisfazione delle parti in causa.

La vicenda della legge Schifani è quasi un simbolo della resistibile conquista del linguaggio – e dunque della politica – realizzata dalla destra nel nostro Paese. Le opposizioni avrebbero dovuto ribellarsi all'uso di quella parola – lodo – svelandone il carattere demagogico, manipolatorio e ingannevole. Esse invece (così come in altri casi, per altri slogan della propaganda berlusconiana) la recepirono acriticamente, accettarono la discussione nel perimetro linguistico delimitato dall'avversario e così indebolirono, senza esserne consapevoli, l'efficacia del loro discorso e la forza dei loro argomenti.

Nel 2003 il governo adottava un decreto-legge – il numero 352 – specificamente ed esclusivamente concepito per garantire la sopravvivenza di Rete 4, appartenente a Berlusconi. Il disegno sotteso a tale provvedimento veniva completato nel 2004 con la cosiddetta legge Gasparri (la numero 112), intitolata, formalmente, al riordino del sistema televisivo ma, in realtà, volta alla stabilizzazione della situazione dominante di un singolo imprenditore televisivo.

Nel 2005 veniva approvata una legge (la numero 251) con la quale si contraevano i termini di prescrizione dei reati. Il provvedimento determinò l'estinzione per prescrizione di vari delitti – fra i quali la corruzione aggravata – per i quali era imputato, in vari processi, il presidente del Consiglio Berlusconi.

Nel 2008 veniva approvato, con la legge numero 124, il cosiddetto lodo Alfano. Sulla disonesta improprietà della definizione di questo provvedimento basta richiamare le considerazioni già svolte a proposito del cosiddetto lodo Schifani. La legge numero 124/2008 riproponeva, con qualche poco rilevante modifica, i contenuti della legge Schifani. Fu emanata all'unico, palese e finanche dichiarato scopo di sottrarre Berlusconi ai processi e in particolare a quello per corruzione in atti giudiziari – del quale abbiamo già parlato nel capitolo 2 – in cui era imputato insieme con l'avvocato Mills. Anche questa legge è stata cancellata, nell'ottobre 2009, dalla Corte Costituzionale.

Nel 2010 viene adottata, con la legge numero 51, la disciplina del cosiddetto legittimo impedimento. Dietro questa fuorviante espressione (frutto della medesima strategia linguistica che portò alla elaborazione delle formule "lodo Schifani" e "lodo Alfano"), il provvedimento introduce un'indiscriminata facoltà di richiedere il rinvio dei processi penali a carico dei membri del governo. Ancora una volta si tratta di norme che servono a sottrarre Berlusconi ai processi penali che lo riguardano: primo fra tutti, ancora una volta, quello per la corruzione dell'avvocato Mills. I giudici di Milano hanno sollevato questione di legittimità costituzionale di tale normativa. Al momento in cui questo libro va in stampa, si è in attesa della decisione della Corte Costituzionale.

Sempre nel 2010 viene approvata la legge numero 73, che contiene una norma per cui nei contenziosi con il Fisco "il contribuente può estinguere la controversia pagando un importo pari al 5% del suo valore (riferito alle sole imposte oggetto di contestazione, in primo grado, senza tener conto degli interessi, delle indennità di mora e delle eventuali sanzioni)".

In concreto e in termini comprensibili: la norma consente alla Mondadori, appartenente al presidente del Consiglio e alla sua famiglia, di estinguere una controversia con il Fisco tramite il versamento di 8,6 milioni di euro (cioè il 5 per cento dei 173 accertati dal Fisco) in luogo dei circa 350 milioni (comprensivi di sanzioni e interessi) che avrebbe dovuto pagare se la Cassazione – davanti alla quale pendeva il suddetto contenzioso, dopo due decisioni delle Commissioni Tributarie favorevoli alla Mondadori – le avesse dato torto.

\*\*\*

Nell'*Epitafio* che Tucidide fa pronunciare a Pericle per i caduti del primo anno della guerra del Peloponneso – ma che, forse, fu scritto quando Atene era ormai caduta, e rappresenta perciò il monumento a un'Atene che non c'è più – il *nomos*, la legge, è il fondamento stesso della democrazia: "Il nostro sistema politico non si propone di imitare le leggi di altri popoli: noi non copiamo nessuno, piuttosto siamo noi a costituire un modello per gli altri. Si chiama democrazia, poiché nell'amministrare si qualifica non rispetto ai pochi, ma alla maggioranza. Le leggi regolano le controversie private in modo tale che tutti abbiano un trattamento uguale".

E, nelle *Supplici*, Euripide indaga a fondo il sistema democratico ateniese, facendo dire a Teseo: "Non c'è nulla di peggio di un tiranno per uno Stato. In primo luogo non ci sono leggi comuni. Comanda uno che si è appropriato della legge. E l'uguaglianza non c'è più".

A proposito dell'attualità dei classici.

***

Giustizia è parola che più di altre si presta a definizioni molteplici, a volte antitetiche. In secoli di storia del pensiero il concetto ha conosciuto un numero altissimo di elaborazioni, delle quali è assai difficile anche solo fare l'inventario. Anzitutto, come nel passo di Tucidide, essa si identifica con la legge e con la capacità (di regola altamente formalizzata) dei corpi sociali di comporre in modo pacifico i conflitti: e in ciò ha a che fare con l'attività del giudice, con la giustizia civile e penale.

Connaturale a questa nozione di giustizia è l'idea che tutti i cittadini siano uguali di fronte alla legge; che in una controversia, o in generale nei rapporti con i pubblici poteri, essi vengano trattati alla stessa maniera, secondo regole comuni, leggi scritte promulgate nell'interesse generale, che non siano proprietà esclusiva e abusiva di uno solo "che si è appropriato della legge".

È, questo, il principio di eguaglianza formale di tutti i cittadini davanti alla legge, enunciato dall'articolo 3, comma primo, della nostra Costituzione repubblicana. Ed è il pilastro dello stato di diritto in ogni Paese democratico.

Abbiamo visto come nel nostro Paese la metodica adozione di leggi personali abbia messo in crisi questo principio, ponendo un grave problema di ricostituzione dello stato di diritto e della connessa, quasi elementare, idea di giustizia.

Questa situazione patologica e la necessità di ribadire con argomenti e con forza ciò che dovrebbe essere ovvio e scontato (cioè, appunto, che i cittadini sono *tutti* uguali davanti alla legge, e che non si possono approvare norme finalizzate unicamente alla tutela di un individuo) non devono però distogliere dalla riflessione su un'idea di giustizia più profonda e rivolta al futuro.

La giustizia come uguaglianza, la giustizia come equa ripartizione dei beni, la giustizia come abolizione di ogni forma, palese e occulta, di sfruttamento. Per intenderci, quella cui allude una delle norme più avanzate della nostra Carta Costituzionale: il comma secondo dell'articolo 3, per il quale è compito della Repubblica "rimuovere gli ostacoli di ordine economico e sociale, che, limitando di fatto la libertà e l'eguaglianza dei cittadini, impediscono il pieno sviluppo della persona umana e l'effettiva partecipazione di tutti i lavoratori all'organizzazione politica, economica e sociale del Paese".

Nel suo *Una teoria della giustizia*, pubblicato nel 1971 e apparso in Italia all'inizio degli anni Ottanta, John Rawls ha scritto: "La giustizia è il primo requisito delle istituzioni sociali, così come la verità lo è dei sistemi di pensiero. Una teoria, per quanto semplice ed elegante, deve essere abbandonata o modificata se non è vera. Allo stesso modo, leggi e istituzioni, non importa quanto efficienti e ben congegnate, devono essere riformate o abolite se sono ingiuste. Ogni persona possiede un'inviolabilità fondata sulla giustizia su cui neppure il benessere della società nel suo complesso può prevalere. Per questa ragione la giustizia nega che la perdita della libertà per qualcuno possa essere giustificata da maggiori benefici goduti da altri".

Rawls sostiene che i princìpi di giustizia, per una società e per le sue istituzioni, debbano corrispondere ai princìpi che risulterebbero da una scelta collettiva effettuata da persone razionali. Egli delinea in modo immaginifico, con un bell'esperimento mentale, i criteri di scelta delle regole su cui dovrebbero fondarsi i parametri di una società giusta.

Rawls ipotizza una situazione iniziale in cui gli individui scelgono i princìpi di giustizia in condizione di assoluta eguaglianza, essendo sprovvisti di informazioni relative al proprio futuro nella società. La scelta si compie, cioè, sotto un "velo di ignoranza": il ricco ignora di essere ricco, il povero ignora di essere povero, e le scelte dell'uno come dell'altro (ad esempio, relativamente alle tasse) non saranno determinate in alcun modo dalla loro posizione nella società, dalle loro dotazioni naturali e sociali, dai loro progetti di vita, che, appunto, essi non conoscono ancora. La teoria della giustizia di Rawls è una teoria dell'equità. Il velo di ignoranza permette un equilibrio ideale: la scelta dei princìpi si fonderà solo su criteri razionali, non su ragioni di convenienza.

I due princìpi di giustizia che ne derivano sono il risultato di un accordo equo, perché conseguito in una condizione iniziale equa. Il primo è il principio dell'uguale sistema delle libertà per le persone, in quanto cittadine di una comunità democratica. Il secondo, strettamente connesso al primo, è il principio di differenza. Esso prescrive che siano giuste e accettabili, e quindi eque, *solo* quelle diseguaglianze che vadano a vantaggio dei gruppi più svantaggiati della società. Sono giuste, accettabili e quindi eque, ad esempio, le norme che attribuiscono priorità a persone con handicap fisici per l'assunzione negli enti pubblici o le norme che prevedono esenzioni tributarie per gli abitanti di zone colpite da calamità naturali.

\*\*\*

Non è un caso che, nella Neolingua di Orwell, le due famiglie di parole più pericolose siano quelle che si raggruppano intorno a *libertà* e a *uguaglianza*: a indicare tutta l'area semantica dell'una e dell'altra, nella Neolingua, basta la parola *psicoreato*.

"Parole che un tempo avevano avuto un significato eretico venivano pur mantenute, talvolta, per via della convenienza, ma il significato sfavorevole era come purgato. Innumerevoli altre parole, come *onore, giustizia, morale, internazionalismo, democrazia, scienza* e *religione* avevano semplicemente cessato del tutto di esistere. Poche parole avevano la funzione di ricoprirle, e ricoprendole le abolivano. Tutte le parole che si raggruppavano intorno ai concetti di libertà e di eguaglianza, ad esempio, erano contenute nella semplice parola *psicoreato*."

Norberto Bobbio, in *Destra e sinistra*, ha isolato l'*uguaglianza* come criterio più frequente di differenziazione fra destra e sinistra e come valore proprio della sinistra: laddove, per la destra, all'uguaglianza si oppone la gerarchia.

Alessandro Pizzorno ha riconsiderato l'ipotesi di Bobbio suggerendo una diversa polarità: *inclusione/esclusione*, a livelli diversi, in forme ed esiti diversi. Ha commentato Luciano Canfora: "La sinistra, se vuol esser tale, si schiera per l'inclusione, per l'accettazione dell'altro, del diverso, dell'escluso. La destra invece esclude. E tende a serbare la situazione conquistata di benessere o privilegio per i ceti e i gruppi, per le nazionalità, i paesi, le consorterie, che hanno *già* in mano benessere e privilegi".

La riflessione di Canfora, il suo riferimento

ai ceti e alle nazionalità che hanno già in mano benessere e privilegi di fronte a quelli che ne hanno meno o non ne hanno affatto, rimanda all'ambito concettuale più importante e delicato entro cui la parola giustizia andrebbe collocata.

I temi della società giusta e di come realizzarla sono infatti questioni cruciali, ma, a ben vedere, parziali ed esse stesse implicitamente ingiuste nel momento in cui circoscrivono agli abitanti di un singolo Paese, ai cittadini di un singolo Stato, il diritto alla giustizia, all'eguaglianza, alla pari dignità. Lo spunto è presente, con diverse articolazioni, nell'opera di molti pensatori: fra questi Amartya Sen, premiato con il Nobel per avere introdotto – recitava la motivazione – una dimensione etica negli studi di economia. È molto interessante notare come egli, nella sua ricerca e in particolare da ultimo nel suo *L'idea di giustizia*, colleghi la riflessione sull'economia e la giustizia con il tema della felicità.

La domanda che a più riprese e con sempre maggiore frequenza ci si pone è complessa e a un tempo semplice. Che senso ha parlare, interrogarsi, (cercare di) costruire una società giusta, egualitaria, solidale, se gravemente ingiusto, spietato e popolato di vittime è il mondo di cui questa società è parte? E del resto – a tacere di ogni altra considerazione – come potremmo accettare che l'idea di giustizia rimanga chiusa entro i confini di comunità circoscritte, quando un mercato planetario interferisce nelle vite di tutti e amplifica le disuguaglianze esistenti molto più di quanto non contribuisca a ridurne la violenza?

È la questione della giustizia globale, sulla quale, come ha sottolineato Martha Nussbaum, "le nostre principali teorie della giustizia sono mute, perché concepiscono fin dall'inizio lo stato nazione come la loro unità di base".

Una visione realmente etica, umanistica, della giustizia è quella che dalla uguaglianza formale dei cittadini dinanzi alla legge procede verso l'uguaglianza sostanziale di quegli stessi cittadini – l'uguaglianza delle opportunità – per poi avviarsi verso il difficile ma ineludibile ambito delle questioni relative all'uguaglianza degli umani, senza confini di nazione.

È nella enorme difficoltà di affrontare tali questioni, di individuare anche solo i modelli teorici per estendere diritti e opportunità al di fuori dei confini degli Stati e delle comunità tradizionali, di dare questo necessario senso alla parola giustizia e nel trarne le conseguenze, che si definisce una delle sfide fondamentali dell'umanità. Anzi, probabilmente, *la* sfida fondamentale.

Una sfida la cui enorme difficoltà può provocare reazioni diametralmente opposte. La rassegnazione o il suo contrario: la ribellione.

Può sembrare paradossale, ma la parola giustizia non può fare a meno della parola ribellione.

# 8

# Ribellione

"Quasi tutte le rivoluzioni che hanno muta-
ta la fisionomia dei popoli sono state fatte per
consacrare o per distruggere la disuguaglianza.
Scartate le cause secondarie che hanno prodotto le grandi agitazioni, e arriverete quasi
sempre alla disuguaglianza" scriveva Alexis de
Tocqueville.

La parola ribellione evoca, immediatamente, la
violenza fisica, il capovolgimento brutale dell'ordine delle cose. In apparenza, essa sembra rinviare all'opposto della legge, come suggeriscono
i dizionari. Ma, forse, in questo caso più che negli
altri è utile verificare qual è il suo contrario. I suoi
contrari, anzi, più significativi: *repressione*, *obbedienza*, *rassegnazione*. E, io aggiungerei, *tirannia*.

Rivendicando il diritto all'obiezione di coscienza, don Lorenzo Milani così scriveva ai
cappellani militari toscani:

"Diteci esattamente cosa avete insegnato ai

soldati. L'obbedienza a ogni costo? E se l'ordine era il bombardamento dei civili, un'azione di rappresaglia su un villaggio inerme, l'esecuzione sommaria dei partigiani, l'uso delle armi atomiche, batteriologiche, chimiche, la tortura, l'esecuzione d'ostaggi, i processi sommari per semplici sospetti, le decimazioni (scegliere a sorte qualche soldato della Patria e fucilarlo per incutere terrore negli altri soldati della Patria), una guerra di evidenti aggressioni, l'ordine d'un ufficiale ribelle al popolo sovrano, le repressioni di manifestazioni popolari? [...]

"Ma in questi cento anni di storia italiana c'è stata anche una guerra 'giusta' (se guerra giusta esiste). L'unica che non fosse offesa delle altrui Patrie, ma difesa della nostra: la guerra partigiana. Da un lato c'erano dei civili, dall'altra dei militari. Da un lato soldati che avevano obbedito, dall'altra soldati che avevano obiettato. Quali dei due contendenti erano, secondo voi, i 'ribelli', quali i 'regolari'?".

E spiega, con parole che continuano a dare i brividi, come talvolta la legge stabilita non esaurisca tutti i casi possibili; come la politica – che pure, come abbiamo detto, dovrebbe essere rispetto delle regole – possa talvolta proiettarsi verso il futuro e ribellarsi alla legge ingiusta. Di come possa essere "amore costruttivo per la legge":

"La scuola è diversa dall'aula del tribunale. Per voi magistrati vale solo ciò che è legge stabilita. La scuola invece siede fra il passato e il futuro e deve averli presenti entrambi. È l'arte delicata di condurre i ragazzi su un filo di rasoio: da un lato formare in loro il senso della legalità (e in questo somiglia alla vostra funzione), dall'altro la volontà di leggi migliori cioè di senso politico (e in questo si differenzia dalla vostra funzione). La tragedia del vostro mestiere di giudici è che sapete di dover giudicare con leggi che ancora non son tutte giuste. [...] non posso dire ai miei ragazzi che l'unico modo d'amare la legge è d'obbedirla. Posso solo dir loro che essi dovranno tenere in tale onore le leggi degli uomini da osservarle quando sono giuste (cioè quando sono la forza del debole). Quando invece vedranno che non sono giuste (cioè quando sanzionano il sopruso del forte) essi dovranno battersi perché siano cambiate".

Don Milani individua una traccia di giusta ribellione nella Costituzione italiana: un testo che, per sua natura, per essere il fondamento ideale e giuridico dello stato di diritto, parrebbe alieno da ogni forma di ribellione. Eppure, nell'articolo 11 – "L'Italia ripudia la guerra come strumento di offesa alla libertà degli altri popoli" – il verbo *ripudiare* "abbraccia il passato e il futuro. È un invito a buttar tutto all'aria: all'aria buona". Bisogna avere "il coraggio di dire ai giovani che essi sono tutti sovrani, per cui l'obbedienza non è ormai più una virtù, ma la più subdola delle tentazioni, che non credano di potersene far scudo né davanti agli uomini né davanti a Dio, che bisogna che si sentano ognuno l'unico responsabile di tutto".

Ribellione, dunque, come forma della responsabilità, dell'etica della responsabilità. Ribellione come scrittura e racconto del proprio destino, come esperienza di autonomia e affrancamento da una condizione di schiavitù. Una schiavitù che può essere anzitutto mentale: "Riscattatevi dalla schiavitù mentale: solo noi possiamo liberare la nostra mente" canta Bob Marley in *Redemption Song* (dove *redemption* significa anzitutto *redenzione*, ma anche *liberazione* dalla schiavitù).

E la ribellione è, anche, redenzione dalla vergogna, come ricorda Primo Levi in una pagina di insopportabile bellezza: là dove racconta la fine tragica e gloriosa dell'"Ultimo", di uno dei pochi che si ribellarono alle leggi del Lager, dell'unico dei compagni di prigionia che prese parte "in qualche modo" alla rivolta.

Il mese scorso, uno dei crematori di Birkenau è stato fatto saltare. Nessuno di noi sa (e forse nessuno saprà mai) come esattamente l'impresa sia stata compiuta: si parla del Sonderkommando, del Kom-

95

mando Speciale addetto alle camere a gas e ai forni, che viene esso stesso periodicamente sterminato, e che viene tenuto scrupolosamente segregato dal resto del campo. Resta il fatto che a Birkenau qualche centinaio di uomini, di schiavi inermi e spossati come noi, hanno trovato in se stessi la forza di agire, di maturare i frutti del loro odio.

L'uomo che morrà oggi davanti a noi ha preso parte in qualche modo alla rivolta. Si dice che avesse relazioni cogli insorti di Birkenau, che abbia portato armi nel nostro campo, che stesse tramando un ammutinamento simultaneo anche tra noi. Morrà oggi sotto i nostri occhi: e forse i tedeschi non comprenderanno che la morte solitaria, la morte di uomo che gli è stata riservata, gli frutterà gloria e non infamia.

Quando finì il discorso del tedesco, che nessuno poté intendere, di nuovo si levò la prima voce rauca: – Habt ihr verstanden? – (Avete capito?).

Chi rispose «Jawohl»? Tutti e nessuno: fu come se la nostra maledetta rassegnazione prendesse corpo di per sé, si facesse voce collettivamente al di sopra dei nostri capi. Ma tutti udirono il grido del morente, esso penetrò le grosse antiche barriere di inerzia e di remissione, percosse il centro vivo dell'uomo in ciascuno di noi:

– Kameraden, ich bin der Letzte! – (Compagni, io sono l'ultimo!).

Vorrei poter raccontare che di fra noi, gregge abietto, una voce si fosse levata, un mormorio, un

96

segno di assenso. Ma nulla è avvenuto. Siamo rimasti in piedi, curvi e grigi, a capo chino, e non ci siamo scoperta la testa che quando il tedesco ce l'ha ordinato. La botola si è aperta, il corpo ha guizzato atroce; la banda ha ripreso a suonare, e noi, nuovamente ordinati in colonna, abbiamo sfilato davanti agli ultimi fremiti del morente.

Ai piedi della forca, le ss ci guardano passare con occhi indifferenti: la loro opera è compiuta, e ben compiuta. I russi possono ormai venire: non vi sono più uomini forti fra noi, l'ultimo pende ora sopra i nostri capi, e per gli altri, pochi capestri sono bastati. Possono venire i russi: non troveranno che noi domati, noi spenti, degni ormai della morte inerme che ci attende.

Distruggere l'uomo è difficile, quasi quanto crearlo: non è stato agevole, non è stato breve, ma ci siete riusciti, tedeschi. Eccoci docili sotto i vostri sguardi: da parte nostra nulla più avete a temere: non atti di rivolta, non parole di sfida, neppure uno sguardo giudice.

Alberto ed io siamo rientrati in baracca, e non abbiamo potuto guardarci in viso. Quell'uomo doveva essere duro, doveva essere di un altro metallo del nostro, se questa condizione, da cui noi siamo stati rotti, non ha potuto piegarlo.

\*\*\*

George Steiner e José Saramago hanno scelto *No* come prima parola di un ideale lessico necessario.

Una delle parole "più semplici e corte del vocabolario", osserva il primo. La parola "più urgente ed essenziale", la "più selvaggia del vocabolario, secondo Emily Dickinson", dice il secondo.

È un'arte difficile e perduta, quella di dire no. "No alla brutalità della politica, no alla follia delle ingiustizie economiche che ci circondano, no all'invasione della burocrazia nella nostra vita quotidiana. No all'idea che si possano accettare come normali le guerre, la fame, la schiavitù infantile. C'è un bisogno enorme di tornare a pronunciare quella parola. E invece ne siamo incapaci." Per acquiescenza, per scetticismo, per pura pigrizia.

Non è mera negazione: il *no* può avere valore propositivo, costruttivo, creativo. È creativo, è potenza pura anche il no dall'apparenza nichilista di Bartleby lo scrivano, il personaggio di Melville che a ogni richiesta dell'avvocato di Wall Street, suo datore di lavoro, risponde gradualmente, inesorabilmente: "Preferirei di no", *I would prefer not to*.

È, il suo, un no alla richiesta di copiare pedissequamente – "una operazione molto noiosa, opprimente, soporifera" – carte e documenti, un no mosso da una volontà artistica e creativa che per paradosso si indovina sotto l'immobilità di Bartleby, sotto la sua figura "così sbiadita nella sua decenza, miserabile nella sua rispettabilità, così disperata nella sua solitudine". Ed è un no al mondo stesso dell'avvocato, al mondo senza luce e senza pietà di Wall Street. Ogni rivoluzione nasce da un no: "allo status quo, agli interessi costituiti, al conformismo, al dominio o addirittura alla dittatura".

Albert Camus ha molto insistito sul valore collettivo della rivolta, che riunisce, raccoglie, rianima. E ha identificato la capacità umana di ribellione con il *cogito* cartesiano:

"Nell'esperienza, assurda, la sofferenza è individuale. A principiare dal moto di rivolta, essa ha coscienza di essere collettiva, è avventura di tutti. Il primo progresso di uno spirito intimamente straniato sta dunque nel riconoscere che questo suo sentirsi straniero, lo condivide con tutti gli uomini, e che la realtà umana, nella sua totalità, soffre di questa distanza rispetto a se stessa e al mondo. Il male che un solo uomo provava diviene peste collettiva. In quella che è la nostra prova quotidiana, la rivolta svolge la stessa funzione del 'cogito' nell'ordine del pensiero: è la prima evidenza. Ma questa evidenza trae l'individuo dalla sua solitudine. È un luogo comune che fonda su tutti gli uomini il primo valore. Mi rivolto, dunque siamo".

Ribellione può significare cose molto diverse. Una possibile forma di ribellione allude al narcisistico rifiuto delle regole: fare quello che si vuole, ammantando questo atteggiamento egoistico di una immagine eroica.

Come scrive Miguel Benasayag, filosofo e psicanalista argentino, l'ideologia del ribelle si fonda su tre enunciati: non rispetto niente, credo che tutto sia possibile, posso cambiare tutto. Senza alcun ancoraggio a un sistema di valori, senza alcuna consapevolezza di metodo, che, in un sistema democratico, deve essere solo quello della non violenza. È, questa, l'idea nichilista della ribellione che unifica in un inquietante sodalizio i black block, i movimenti di rivolta fiscale, tutti i terrorismi, gli sfrenati neoliberismi.

Già i Greci sapevano – come ricorda la Arendt in un passo che è un elogio della parola esatta – che "l'azione più politica, in quanto rimane estranea alla sfera della violenza, si realizza nel discorso, ma anche [...] trovare le parole opportune al momento opportuno, indipendentemente da quanto esse vogliano informare o comunicare, significa agire. Solo la mera violenza è muta, e per questa ragione soltanto essa non può mai essere grande. [...]

"Essere politici, vivere nella *polis*, voleva dire che tutto si decideva con le parole e la persuasione e non con la forza e la violenza. Nella concezione greca, costringere gli altri con la violenza e imporre invece di persuadere costituivano relazioni prepolitiche caratteristiche della vita fuori della *polis*, di quella domestica e familiare, dove il capofamiglia dettava legge con incontestato potere dispotico, o di quella degli imperi barbarici dell'Asia."

Come nelle drammatiche storie dei ragazzi disadattati o degli isolani di Tahiti, la violenza è muta, ed è conseguenza della miseria di parole.

L'idea di ribellione a cui mi piace pensare è invece ancorata in primo luogo ai valori della giustizia sociale e globale. E anche ad altri, in realtà: perché possiamo ribellarci alla volgarità dell'arte o della letteratura, al degrado delle città e della vita pubblica, alla corruzione delle istituzioni.

Possiamo – e probabilmente *dobbiamo* – ribellarci sempre, e in qualsiasi campo. Anche alla manipolazione delle parole: perché già solo chiamare le cose con il loro nome è un atto rivoluzionario.

Il criterio è dato da un sistema di valori, etici, civili, estetici, che operino come strumenti di scrutinio per l'esercizio dei poteri: economici, religiosi, professionali, culturali, politici. Poteri che si esercitano sui corpi o poteri che si esercitano sulle anime. Quando questo sistema viene attac-

cato, violato, messo in pericolo, ribellarsi è sano,
necessario, indispensabile. È un gesto di autonomia e di responsabilità: dunque, un gesto di umanità. E il modo, l'unico modo, è la non violenza.

***

Il 3 gennaio del 2008, dopo la vittoria – inattesa e sorprendente – alle primarie democrati-
che in Iowa, in un discorso memorabile, Barack
Obama ha detto: "Il nostro destino è scritto non
*per* noi, ma *da* noi".

Speranza. La speranza è ciò che mi ha portato fin
qui oggi. Con un padre del Kenia, con una madre
del Kansas, con una storia che poteva accadere solo
negli Stati Uniti d'America. La speranza è il fondamento del nostro paese. La convinzione che il nostro destino sarà scritto non per noi, ma da noi, da
tutti gli uomini, da tutte le donne che non vogliono
accontentarsi del mondo com'è: che hanno il coraggio di rifare il mondo come dovrebbe essere.*

---

* "Hope – hope is what led me here today. With a father from Ken-
ya, a mother from Kansas and a story that could only happen in the
United States of America. Hope is the bedrock of this nation. The
belief that our destiny will not be written for us, but by us, by all
those men and women who are not content to settle for the world
as it is, who have the courage to remake the world as it should be."

Meno di un anno dopo, a novembre, il mattino successivo alla sua elezione, in Italia i giornali titolavano: *Il mondo è cambiato*. Così, semplicemente.

Con l'autonomia, con la responsabilità, con la capacità di ricordare il passato e raccontarlo, con l'arte e il coraggio di leggere e raccontare le storie, possiamo cambiare il mondo, immaginare – cercare – di rifarlo come dovrebbe essere. Per riuscirci, dobbiamo mantenere viva la capacità di ribellarci al mondo "as it is", così com'è. Avere il coraggio di essere rivoluzionari, di dire no.

La ribellione è il contrario dell'obbedienza ottusa, a ogni costo, della rassegnazione all'ingiustizia, all'iniquità, allo squallore. È capacità di esercitare il ripudio – dell'ingiustizia, dell'iniquità, dello squallore – che è sancito anche dalla Costituzione. Ribellione è responsabilità, autonomia, affrancamento. È rimedio contro la bruttezza, l'umiliazione, la perdita di dignità.

La ribellione è la via per la bellezza.

# 9
# Bellezza

"Che cos'è un uomo in rivolta? Un uomo che dice no." Così inizia *L'uomo in rivolta*, il celebre saggio in cui Albert Camus riflette sulla ribellione e la violenza. E prosegue:

"Ma se rifiuta, non rinuncia tuttavia: è anche un uomo che dice di sì, fin dal suo primo muoversi. Uno schiavo che in tutta la sua vita ha ricevuto ordini, giudica ad un tratto inaccettabile un nuovo comando. Qual è il contenuto di questo 'no'? Significa, ad esempio, 'le cose hanno durato troppo', 'fin qui sì, al di là no', 'vai troppo in là' e anche 'c'è un limite oltre il quale non andrai'. Insomma, questo no afferma l'esistenza di una frontiera".

E, verso la conclusione, osserva:

"La bellezza, senza dubbio, non fa le rivoluzioni. Ma viene il giorno in cui le rivoluzioni hanno bisogno di lei. La sua norma, che nell'atto stesso di contestare il reale gli conferisce unità, è anche quella della rivolta. [...] Mantenendo la bellezza, prepariamo quel giorno di rinascita in cui la civiltà metterà al centro delle sue riflessioni, lungi dai princìpi formali o dai valori sviliti della storia, quella virtù viva che fonda la comune dignità del mondo e dell'uomo, e che dobbiamo ora definire di fronte a un mondo che la insulta".

Egli riflette a lungo, anche nei *Taccuini*, sul rapporto tra ribellione, bellezza, giustizia ed eguaglianza:

"Sembra che oggi scrivere una poesia sulla primavera equivalga a servire il capitalismo. Io non sono un poeta, ma se fosse bella saprei godere di un'opera simile senza riserve. Si serve l'uomo nella sua totalità o non lo si serve per nulla. E se l'uomo ha bisogno di pane e di giustizia e se si deve fare quanto occorre per soddisfare questo bisogno, egli ha anche bisogno della bellezza pura, che è il pane del suo cuore".

La bellezza non è dunque un ornamento. È una forma di salvezza e insieme una categoria morale. È il sintomo, o forse, più precisamente, il farsi visibile e concreto del bene morale.

Bellezza è giustizia, come nell'antichità, come nel Rinascimento. Lo spiega bene Luigi Zoja quando scrive: "Nelle sue forme più antiche, il bene assoluto era *composto inseparabilmente da giustizia e bellezza.* Ma è un vincolo perfettamente attuale: ancor oggi, per il nostro inconscio far scempio della bellezza è massima ingiustizia".

E, si potrebbe aggiungere, l'ingiustizia, il comportamento immorale, il male sono sempre, anche, violazioni di un codice profondo di bellezza.

I contrari di *bellezza* sono, quasi sempre, parole che pertengono alla sfera etica quanto alla sfera estetica: *bruttura, orrore; grossolanità, sgradevolezza, sconcezza*; soprattutto, il concetto vasto, e applicabile a molti campi dell'agire umano, di *squallore*.

La bellezza – le bellezze – hanno una funzione vitale, che è anzitutto etica. Lo mette bene in luce John Keating, il protagonista del film *L'attimo fuggente*:

"Non leggiamo e scriviamo poesie perché è carino; noi leggiamo e scriviamo poesie perché siamo membri della razza umana, e la razza umana è piena di passione. Medicina, legge, economia, ingegneria, sono nobili professioni, necessarie al nostro sostentamento. Ma la poesia, la bellezza, il romanticismo, l'amore, sono queste le cose che ci tengono in vita".

È una frase emozionante, pur nella sua ingenua, inevitabile retorica hollywoodiana.

Ed è una frase che enuncia una fondamentale verità: il bello non è *carino*, e meno che mai è "interessante" (concetto, quest'ultimo, consumistico, ha scritto Susan Sontag): il bello "risveglia e approfondisce in noi il senso della vastità e della pienezza del reale".

E dunque è giudizio, è critica, dà senso e spessore alle nostre affinità, alle nostre passioni, alle scelte.

Non a caso un rapido appunto di Camus, nei *Taccuini*, registra: "Estetica della rivolta. Lo stile nobile e la bella forma, espressioni della rivolta più alta". La ribellione diventa, così, esercizio di critica e progetto: di bellezza del pensiero, della scrittura, della scienza, dell'arte, delle città. La ribellione non è solo civile, è anche estetica, definisce nuovi sistemi di valori estetici: che non devono essere un imbroglio, non devono essere arbitrari, ma vanno cercati e rifondati con onestà.

Nel discorso di accettazione del Nobel che ho già ricordato, Nadine Gordimer evoca una frase di Gabriel García Márquez: "Il modo migliore in cui uno scrittore può servire la rivoluzione è scrivere il meglio che può". Senza imbrogli, senza scorciatoie, dicendo la verità.

E nel suo saggio *Ipotesi sulla bellezza*, Susan Sontag scrive:

"Si ritiene di solito che la bellezza sia, quasi tautologicamente, una categoria estetica, e che perciò si ponga, a detta di molti, in rotta di collisione con l'etica. Ma la bellezza, anche quella che non ha nulla a che fare con i giudizi morali, non è mai pura e semplice. E l'attribuzione della bellezza non è mai scevra da valori morali. Etica ed estetica non sono affatto agli antipodi, come insistevano Kierkegaard e Tolstoj: il progetto estetico è quasi di per sé un progetto morale. [...] E oserei dire che il tipo di saggezza che scaturisce da una vita dedicata ad un profondo impegno in questioni estetiche non può essere equiparata a nessun altro genere di serietà".

La saggezza di cui parla la Sontag è capacità di osservare criticamente il reale, di ribellarsi allo squallore. È giudizio, progetto, etica. È, dunque, capacità di scelta.

# 10

# Scelta

*Scelta* è parola diversa da tutte quelle che abbiamo esaminato finora. Per rendersene conto basta aprire il vocabolario e constatare che essa ha numerosi sinonimi, ma nessun contrario.

Ho già ricordato l'articolo 3 della Costituzione, che affida alla Repubblica il compito di "rimuovere gli ostacoli di ordine economico e sociale, che, limitando di fatto la libertà e l'eguaglianza dei cittadini, impediscono il pieno sviluppo della persona umana". Rimuovere cioè gli ostacoli che impediscono l'esercizio della scelta. Compito della Repubblica è dunque creare le condizioni perché tutti possano scegliere liberamente.

Perché – è ovvio ma conviene lo stesso ricordarlo – la facoltà di scelta si nutre della libertà, anzi *delle* libertà, intese in una accezione profonda, solidale, empatica.

Libertà dal bisogno, libertà dalla malattia, libertà dal sopruso dei criminali e dalla sopraffazione dei pubblici poteri, libertà dallo sfruttamento (di cui questi anni ci offrono esempi sempre più frequenti, anche nelle cosiddette democrazie avanzate come la nostra), libertà dall'ignoranza, libertà dall'altrui pretesa di imporre convinzioni religiose o morali e di interferire in ambiti intimi, privatissimi e riservati.

Le questioni fondamentali della politica non sono, a me pare, la libertà, la giustizia, l'uguaglianza. Si tratta di temi importanti ma, in qualche misura, derivati. La questione fondamentale è la *scelta*, cioè *chi* sceglie *cosa*, per chi e in base a quali criteri.

Ci siamo fermati a lungo sul significato e l'etimologia di *logos*, e abbiamo osservato come nel verbo *lego* coesistano due valori in apparenza lontani.

Il verbo *lego* indica, infatti, le azioni del raccontare, del parlare: ma, anche e prima ancora, del mettere insieme, del raccogliere, del disporre le cose – e le idee – l'una accanto all'altra secondo un ordine razionale: scegliere è, dunque, dare forma all'indefinito.

L'etimologia ci offre un'intuizione inattesa e illuminante: *dire* (o raccontare) e *scegliere* sono azioni, nella loro intima essenza, straordinariamente simili.

La *parola* ha in sé, nella sua radice, un potere vastissimo: essa crea e definisce la nostra rappresentazione del mondo, e dunque il nostro mondo, così come siamo capaci di conoscerlo.

Allo stesso modo, l'atto della scelta trasforma la potenza in atto e dà forma a ciò che è indefinito. E, nel definirlo, trasforma, *cambia* il mondo. Sia esso il nostro mondo privato e interiore o quello esterno, in cui entriamo in rapporto con i nostri simili.

Scegliere – e dire – implica il passaggio da ciò che è indistinto a qualcosa cui possiamo dare un nome. Dall'ignoto alla conoscenza, dalla sofferenza indecifrabile, come quella dei nativi tahitiani, alla possibile salvezza. Scelta significa progetto, promessa e (tentativo di) controllo sul futuro e sul caso. Come ha scritto Hannah Arendt: "Rimedio all'imprevedibilità, alla caotica incertezza del futuro, è la facoltà di fare e mantenere delle promesse", cioè di progettare coraggiosamente il futuro.

Dovremmo poter scegliere come far nascere, come vivere, e, nel caso di vite che hanno esaurito la loro parabola, come lasciar andare con rispetto. Non è questa – *lasciare andare* – una locuzione scelta a caso. Le ultime parole di Giovanni Paolo II, riferite nel resoconto ufficiale degli Atti della sede apostolica, sono state: "*lasciatemi andare* alla casa del Padre".

Le politiche della paura, le culture dell'esclusione, etnica, culturale, sociale, e della sopraffazione mascherate sotto il velo di princìpi etici e religiosi o di fittizie identità nazionali (si pensi alla colossale mistificazione contenuta nella propaganda della cosiddetta Padania) contraddicono quella stessa idea di libertà cui a volte dicono di ispirarsi. Esse violano il principio dell'autonomia delle persone, intese come soggetti capaci di scegliere, e naturalmente titolari del *diritto* di scegliere.

Diritto che acquista una dimensione etica di massima suggestione quando riguarda chi sembra inchiodato da un fato sovrastante. Ci sono momenti in cui quello che accade sfugge al nostro controllo, in cui il caso – ciò che non era prevedibile, e che comunque non è governabile – sembra dominare le nostre vite, individuali e collettive. Ma anche in quei momenti possiamo decidere, e scegliere, come comportarci rispetto all'ottusa brutalità del destino e alla prepotenza di chi vorrebbe decidere per noi. Riflettere sulla scelta dei senza scelta è un modo – forse il modo più efficace – per capire il significato profondo della parola e cogliere la sua centralità etica.

Nel 1861 un bambino inglese, William Ernest Henley, si ammalò di tubercolosi: per salvarlo gli fu amputata la parte inferiore della gamba sinistra. Aveva solo dodici anni, sarebbe diventato un poeta e per tutta la vita avrebbe lottato contro la malattia, la menomazione e lo sconforto.

La più famosa poesia di Henley si intitola, non casualmente, *Invictus*.

Dal profondo della notte che mi avvolge,
buia come il pozzo che va da un polo all'altro,
ringrazio qualunque dio esista
per la mia anima invincibile.

Nella feroce morsa del caso
non ho arretrato né ho gridato d'angoscia.
Sotto la scure della sorte
il mio capo sanguina ma non si piega.

Oltre questo luogo di collera e lacrime
incombe solo l'Orrore dell'ombra,
eppure la minaccia degli anni
mi trova, e mi troverà, senza paura.

Non importa quanto sia stretta la porta,
quanto pieno di castighi il destino.
Io sono il padrone della mia sorte:
io sono il capitano della mia anima.

Il coraggio, il rispetto di noi stessi, l'eleganza, il
senso dell'umorismo inteso come attitudine morale sono le qualità che ci rendono padroni della
nostra sorte, anche di fronte alla "feroce morsa del
caso".

Scelta può essere di volta in volta – o insieme – ribellione non violenta, ricerca della giustizia, pratica etica della bellezza e dell'eleganza, salvezza dalla vergogna. E ancora: capacità di disobbedire agli

ordini ingiusti e inumani, capacità di sottrarsi al conformismo, capacità di non dare nulla per scontato, di praticare l'arte del dubbio, di sfuggire ai vincoli e alla prepotenza delle verità convenzionali, anche quando questo può costare molto caro.

Una precisazione è necessaria. La fermezza con cui possiamo scegliere di reagire a una realtà ostile e sovrastante è un contegno nobile: ma, come ricorda Martha Nussbaum, "chi riesce a vincere la sorte è un'eccezione che non dimostra la colpevolezza morale di coloro che soccombono alla depressione e alla disperazione". Bisogna sottrarsi al rischio – spesso latente, inconsapevole e dunque più insidioso – di leggere l'insuccesso, la povertà, la sconfitta come sintomi di fallimento morale.

Detto questo, non vi è dubbio che la capacità e la pratica della scelta regolata – soprattutto in condizioni difficili – da princìpi giuridici, etici e anche estetici siano fra le manifestazioni più alte dell'idea stessa di umanità.

Una delle figure più belle ed eroiche della *Commedia* di Dante è Catone Uticense, posto a guardia del Purgatorio. Nel 46 a.C., mentre i cesariani vittoriosi marciavano su Utica, Catone si diede la morte, quando stava per perdere la libertà. Egli è dunque un suicida. Dante, tuttavia, lo colloca nel Purgatorio e non nel secondo girone dell'Inferno, con gli altri suicidi. Perché? Qual è la differenza tra Catone e i suicidi dell'Inferno?

Catone si toglie la vita perché *sceglie* di ribellarsi alla sconfitta, alla schiavitù, alla perdita della libertà e della dignità: "Libertà va cercando, ch'è sì cara, /come sa chi per lei vita rifiuta".

Il suo non è un atto di rinuncia, un'infrazione della legge umana e divina della vita. Dante lo pone a guardia del Purgatorio non malgrado il suo suicidio, ma *per* il suo suicidio, che è un atto morale di protesta in nome della libertà. Una *scelta* di libertà.

Quando tutto è perduto, possiamo scegliere almeno di non essere umiliati, di non venire depredati della nostra essenza di uomini.

In *Se questo è un uomo* scrive Primo Levi:

Devo confessarlo: dopo una sola settimana di prigionia, in me l'istinto della pulizia è sparito. Mi aggiro ciondolando per il lavatoio, ed ecco Steinlauf, il mio amico quasi cinquantenne, a torso nudo, che si strofina collo e spalle con scarso esito (non ha sapone) ma con estrema energia. Steinlauf mi vede e mi saluta, e senza ambagi mi domanda severamente perché non mi lavo. Perché dovrei lavarmi? starei forse meglio di quanto sto? piacerei di più a qualcuno? [...]

Ma Steinlauf mi dà sulla voce. Ha terminato di lavarsi, ora si sta asciugando con la giacca di tela che prima teneva arrotolata fra le ginocchia e che poi infilerà, e senza interrompere l'operazione mi somministra una lezione in piena regola.

Ho scordato ormai, e me ne duole, le sue parole diritte e chiare, le parole del già sergente Steinlauf dell'esercito austro-ungarico, croce di ferro della guerra '14-18. Me ne duole, perché dovrò tradurre il suo italiano incerto e il suo discorso piano di buon soldato nel mio linguaggio di uomo incredulo. Ma questo ne era il senso, non dimenticato allora né poi: che appunto perché il Lager è una gran macchina per ridurci a bestie, noi bestie non dobbiamo diventare; che anche in questo luogo si può sopravvivere, e perciò si deve voler sopravvivere, per raccontare, per portare testimonianza; e che per vivere è importante sforzarci di salvare almeno lo scheletro, l'impalcatura, la forma della civiltà. Che siamo schiavi, privi di ogni diritto, esposti a ogni offesa, votati a morte quasi certa, ma che una facoltà ci è rimasta, e dobbiamo difenderla con ogni vigore perché è l'ultima: la facoltà di negare il nostro consenso.

\*\*\*

Con queste riflessioni sparse abbiamo cercato di scoprire quello che nel dizionario non c'è: la definizione di *scelta* attraverso i suoi contrari.

*Scelta* è il contrario di rinuncia, di conformismo e di vigliaccheria.

Scelta è il contrario di vergogna.

Scelta è il contrario di indifferenza.

Nel 1917 Antonio Gramsci pubblicava una rivista cui diede un titolo evocativo, civile e poetico: *La città futura*. Da solo, questo titolo costituisce una lezione sul linguaggio della politica e sulla possibilità di raccontare un sogno riconoscibile e condivisibile, di progresso civile.

In quella rivista era contenuto, fra gli altri, uno scritto che giunge fino a noi con i toni laicamente epici di un grande manifesto politico e morale: *Contro gli indifferenti*.

Odio gli indifferenti. Credo come Federico Hebbel che "vivere vuol dire essere partigiani". Non possono esistere i solamente *uomini*, gli estranei alla città. Chi vive veramente non può non essere cittadino, e parteggiare. Indifferenza è abulia, è parassitismo, è vigliaccheria, non è vita. Perciò odio gli indifferenti.

L'indifferenza è il peso morto della storia. È la palla di piombo per il novatore, è la materia inerte in cui affogano spesso gli entusiasmi più splendidi, è la palude che recinge la vecchia città e la difende meglio delle mura più salde, meglio dei petti dei suoi guerrieri, perché inghiottisce nei suoi gorghi limosi gli assalitori, e li decima e li scora e qualche volta li fa desistere dall'impresa eroica.

L'indifferenza opera potentemente nella storia. Opera passivamente, ma opera. È la fatalità; è ciò su cui non si può contare; è ciò che sconvolge i programmi, che rovescia i piani meglio costruiti; è la materia bruta che si ribella all'intelligenza e la strozza. Ciò che succede, il male che si abbatte su tutti, il possibile bene che un atto eroico (di valore universale) può generare, non è tanto dovuto all'iniziativa dei pochi che operano, quanto all'indifferenza, all'assenteismo dei molti. Ciò che avviene, non avviene tanto perché alcuni vogliono che avvenga, quanto perché la massa degli uomini abdica alla sua volontà, lascia fare, lascia aggruppare i nodi che poi solo la spada potrà tagliare, lascia promulgare le leggi che poi solo la rivolta farà abrogare, lascia salire al potere gli uomini che poi solo un ammutinamento potrà rovesciare. La fatalità che sembra dominare la storia non è altro appunto che apparenza illusoria di questa indifferenza, di questo assenteismo. Dei fatti maturano nell'ombra, poche mani, non sorvegliate da nessun controllo, tessono la tela della vita collettiva, e la massa ignora, perché non se ne preoccupa. I destini di un'epoca sono manipolati a seconda delle visioni ristrette, degli scopi immediati, delle ambizioni e passioni personali di piccoli gruppi attivi, e la massa degli uomini ignora, perché non se ne preoccupa. Ma i fatti che hanno maturato vengono a sfociare; ma la tela tessuta nell'ombra arriva a compimento: e allora sembra sia la fatalità a travolgere tutto e tutti, sembra che la storia non sia che un enorme fenomeno naturale, un'eruzione, un terremoto, del quale rimangono vittima tutti, chi ha voluto e chi non ha voluto, chi sapeva e chi non sapeva, chi era stato attivo e chi indifferente. E questo ultimo si irrita, vorrebbe sottrarsi alle conseguenze, vorrebbe apparisse chiaro che egli non ha voluto, che egli non è responsabile. Alcuni piagnucolano pietosamente, altri bestemmiano oscenamente, ma nessuno o pochi si domandano: se avessi anch'io fatto il mio dovere, se avessi cercato di far valere la mia volontà, il mio consiglio, sarebbe successo ciò che è successo? Ma nessuno o pochi si fanno una colpa della loro indifferenza, del loro scetticismo, del non aver dato il loro braccio e la loro attività a quei gruppi di cittadini che, appunto per evitare quel tal male, combattevano, di procurare quel tal bene si proponevano.

I più di costoro, invece, ad avvenimenti compiuti, preferiscono parlare di fallimenti ideali, di programmi definitivamente crollati e di altre simili piacevolezze. Ricominciano così la loro assenza da ogni responsabilità. E non già che non vedano chiaro nelle cose, e che qualche volta non siano capaci di prospettare bellissime soluzioni dei problemi più urgenti, o di quelli che, pur richiedendo ampia preparazione e tempo, sono tuttavia altrettanto urgenti. Ma queste soluzioni rimangono bellissimamente infeconde, ma questo contributo alla vita collettiva non è animato da alcuna luce morale; è prodotto di curiosità intellettuale, non di pungente senso di una responsabilità storica che vuole tutti attivi nella vita, che non ammette agnosticismi e indifferenze di nessun genere.

Odio gli indifferenti anche per ciò che mi dà noia il loro piagnisteo di eterni innocenti. Domando conto ad ognuno di essi del come ha svolto il compito che la vita gli ha posto e gli pone quotidianamente, di ciò che ha fatto e specialmente di ciò che non ha fatto. E sento di poter essere inesorabile, di non dover sprecare la mia pietà, di non dover spartire con loro le mie lacrime. Sono partigiano, vivo, sento nelle coscienze virili della mia parte già pulsare l'attività della città futura che la mia parte sta costruendo. E in essa la catena sociale non pesa su pochi, in essa ogni cosa che succede non è dovuta al caso, alla fatalità, ma è intelligente opera dei cittadini. Non c'è in essa nessuno che stia alla finestra a guardare mentre i pochi si sacrificano, si svenano nel sacrifizio; e colui che sta alla finestra, in agguato, voglia usufruire del poco bene che l'attività di pochi procura e sfoghi la sua delusione vituperando il sacrificato, lo svenato perché non è riuscito nel suo intento.

Vivo, sono partigiano. Perciò odio chi non parteggia, odio gli indifferenti.

Molti anni dopo un ragazzino del Minnesota, Robert Allen Zimmerman, che si era dato il nome d'arte di Bob Dylan, avrebbe anch'egli puntato il dito contro quella che riteneva la più insopportabile dimostrazione di inumanità dell'uomo sull'uomo: ancora una volta, l'indifferenza.

*How many times can a man turn his head*
*Pretending that he just doesn't see.** 

Le parole di *Blowin' in the Wind* – forse la più famosa canzone di rivolta di tutti i tempi – echeggiano da quasi cinquant'anni su un pianeta in cui le differenze fra i privilegiati e i disperati sono sempre più vaste, sempre più insopportabili.

La risposta, dice Dylan, soffia nel vento. Ed è una risposta che richiama alla responsabilità individuale non meno che a quella collettiva, al gusto etico, allegro e temerario delle scelte.

Allegria, sorpresa, intelligenza, futuro, gioco, conoscenza, entusiasmo, coraggio, umorismo, scoperta, anche rischio, nella sua accezione di scommessa dell'intelligenza – oltre che, naturalmente, giustizia, ribellione e bellezza – sono le parole che sentiamo gravitare nell'alone di sen-

---

* "Quante volte un uomo può voltare la testa facendo finta semplicemente di non vedere."

so di *scelta*, per come abbiamo cercato di rico-struirlo in queste pagine.

Scelta come atto di coraggio e di allegria; di responsabilità e di intelligenza; di rivolta e di scoperta.

Scelta, in definitiva, come atto audace di continua reinvenzione del mondo e di costruzione dell'umanità.

# Epilogo

Ed eccoci alla fine di questo esperimento.

Mentre scrivevo qualcuno mi ha chiesto *cosa* stessi scrivendo. In quei momenti mi accorgevo di non avere una risposta. Non una risposta precisa, con la quale sentirmi a mio agio, perlomeno. A volte dicevo: *un saggio sulle parole*, e nel momento stesso in cui pronunciavo questa frase avvertivo nella mia voce un tono vagamente pedagogico e didascalico, e dunque vagamente ridicolo.

Allora, forse, si può dire cosa non rientrava nelle mie intenzioni, cosa questo libro *non* è. Non è una lezione, non è un manifesto politico, men che meno è una riflessione filosofica.

È stato un gioco. Un gioco personalissimo e, in qualche misura, inevitabilmente arbitrario, di cui parte essenziale sono stati i libri degli altri. Ho giocato a smontare e rimontare le parole come certi bambini fanno con i giocattoli. Con lo stesso spirito: per vedere cosa c'è dentro, per capire come funzionano, per sperimentarne usi diversi. Senza seguire le istruzioni.

E quello che conta non è il singolo risultato, ma l'idea stessa che questo gioco possa essere giocato, la consapevolezza che ci sono e potranno esserci parole nuove – perché rinnovate – ed esatte. Parole precise, che ci mostreranno nuovi oggetti, nuove idee, nuovi territori, da percorrere parlando, leggendo, scrivendo. Scegliendo.

Immaginare un linguaggio significa, sempre, immaginare una forma di vita. Scrivere è, sempre, un'esplorazione allo stesso tempo di sé e del mondo, un viaggio di scoperta, una ricerca di senso, il gesto politico e rivoluzionario di chiamare le cose con il loro nome.

Scrivere è essere qui.

# Le parole del diritto

Le parole dei giuristi, più di altre, non si limitano a descrivere fatti e comportamenti: li provocano esse stesse. La lingua del diritto è potentemente creativa, poiché genera norme, atti amministrativi, contratti e sentenze: essa, insomma, incide direttamente sulla vita delle persone, modificandola.

Come ogni linguaggio di settore, la lingua del diritto è caratterizzata da una terminologia e da un frasario tecnici, la cui esistenza e il cui uso sono, in qualche misura, necessari. Vi sono, infatti, categorie e concetti che non possono essere espressi e comunicati utilizzando la lingua comune. Un certo tasso di complessità (e quindi di più ardua comprensibilità per i non addetti ai lavori) è inevitabile nel discorso giuridico, quello del legislatore, dell'amministratore, dell'avvocato o del giudice.

E tuttavia, in realtà, il linguaggio dei giuristi

è (ed è sempre stato, con rare, lodevoli eccezioni) una lingua sacerdotale piuttosto che tecnica, in cui l'oscurità non necessaria è cifra stilistica, negazione del linguaggio e della sua funzione comunicativa e, soprattutto, sottile, iniziatica, autoritaria forma di esercizio del potere.

Nell'antico diritto romano – come in altri ordinamenti giuridici dell'antichità – la sfera del diritto e quella del sacro si sovrapponevano: il pontefice massimo era a un tempo giurista e sacerdote. Egli si esprimeva per formule, con linguaggio sacrale e oscuro. Un fenomeno analogo si verifica ancora ai nostri giorni.

Ecco un esempio di oscurità non necessaria, rappresentato da una sentenza delle Sezioni Unite della Cassazione:

Partendo dunque dallo specifico punto di vista che interessa il giurista, le Sezioni Unite, nel condividere le argomentate riflessioni del P.G. requirente, ritengono, con particolare riguardo ai decorsi causali ipotetici, complessi o alternativi, che rimane compito ineludibile del diritto e della conoscenza giudiziale stabilire se la postulata connessione nomologica, che forma la base per il libero convincimento del giudice, ma non esaurisce di per se stessa la verifica esplicativa del fenomeno, sia effettivamente pertinente e debba considerarsi razionalmente credibile, sì da attingere quel risultato di "certezza processuale" che, all'esito del ragionamento probatorio, sia in grado di giustificare la logica conclusione che, tenendosi l'azione doverosa omessa, il singolo evento lesivo non si sarebbe verificato, ovvero si sarebbe inevitabilmente verificato, ma (nel quando) in epoca significativamente posteriore o (per come) con minore intensità lesiva.

In questo periodo, una successione di centotrentatré parole priva di punti, il concetto espresso è in sostanza uno solo: occorre verificare se la condotta omissiva dell'imputato (i reati vengono commessi sia con azioni che con omissioni di comportamenti dovuti) è stata causa dell'evento.

Nel brano citato emergono molte delle caratteristiche tipiche dello scrivere (e del parlare) dei professionisti del diritto.

Fra queste si annoverano, oltre all'eccesso dell'aggettivazione e in generale alla ridondanza linguistica, l'uso di pseudotecnicismi e di un lessico inutilmente raro e arcaicamente letterario.

Gli pseudotecnicismi sono parole o locuzioni dall'apparenza specialistica, ma in realtà prive di un'autentica necessità concettuale. Esse vengono utilizzate per pigrizia, per conformismo, e per conferire ai testi una parvenza di formalità se non, addirittura, di sacralità.

Diversamente dallo pseudotecnicismo, il termine tecnico è indispensabile per indicare un concetto o una categoria esistente solo in un determinato settore del sapere: nel nostro caso, nel mondo del diritto. "Società in accomandita" è un'espressione tecnica; "incidente probatorio" è un'espressione tecnica; "contumacia" è un'espressione tecnica. Quando il giudice o il giurista adopera una di queste espressioni lo fa perché solo con esse può indicare quel dato tipo di società o quegli specifici istituti processuali. Quando invece, in una sentenza o in un'ordinanza, il giudice dice che si è proceduto all'escussione di un teste, adopera uno pseudotecnicismo. Lo stesso concetto può (e dovrebbe) essere espresso dicendo, semplicemente, che è stato esaminato un teste.

Gli pseudotecnicismi raggelano, ostacolano la comprensibilità, circoscrivono (senza che ve ne sia una necessità tecnica) la comunicazione ai soli specialisti.

La lingua gergale dei giuristi, irta di stereotipi, di arcaismi, di circonlocuzioni ridondanti e frasi formulari, caratterizzata dall'abuso delle subordinate (e da una interpretazione a volte spregiudicata della grammatica e della sintassi), volutamente racchiusa entro un perimetro disciplinare, è una lingua iniziatica. Ed è risultato, forma e strumento di un esercizio autoritario del potere.

Nel capitolo 5 («Oscurità delle leggi») del trattato *Dei delitti e delle pene*, Cesare Beccaria chiarisce il nesso fra oscurità linguistica ed esercizio del potere. L'oscurità delle leggi, in particolare, è un male: un male che diventa "grandissimo, se le leggi sieno scritte in una lingua straniera al popolo, che lo ponga nella dipendenza di alcuni pochi".

L'esercizio del potere attraverso il ricorso al gergo deriva anzitutto da una forma tossica di pigrizia: come ha osservato Salvatore Satta, tali "ridicole costruzioni" in fondo "sono frutto di orgoglio e di poca voglia di esercitare il pensiero, poiché è infinitamente più facile inventare una irrealtà che intendere la realtà".

Oltre che con la pigrizia, l'abuso del gergo si spiega con il conformismo e, spesso, con la vanità. Periodi involuti e ardui come quello citato nelle pagine precedenti sono infatti esercizi barocchi di acrobazia linguistica, inutili prove di virtuosismo: una delle molte manifestazioni del "neolalismo" che Antonio Gramsci rimproverava agli intellettuali italiani.

L'autocompiacimento è un aspetto forse ineliminabile di qualunque scrittura: ma per scrivere bene – una poesia o una sentenza, un racconto o una relazione – è indispensabile dominare il narcisismo e avere la capacità (e il coraggio) di rimuovere l'inessenziale. Sulle formule raggelate e oscure, sul lessico iniziatico, sulle costruzioni involute e pseudoletterarie, occorre esercitare un controllo inflessibile, senza per questo tentare una illusoria, impossibile semplificazione di tutto e a tutti i costi.

Nel diritto italiano le sentenze si aprono con la formula "In nome del popolo italiano": esse sono pronunciate e scritte in nome del medesimo popolo al quale ne viene preclusa, di fatto, la comprensione. "Davanti alla legge", il "popolo italiano" si trova nelle condizioni dell'uomo di campagna del celebre racconto di Franz Kafka: "Poi che la porta d'ingresso alla Legge è aperta, come sempre, e il custode si fa da lato, l'uomo si curva per vedere, dalla porta, l'interno. Quando il custode se n'avvede, si mette a ridere e dice: 'Se ti attira tanto, prova un po' ad entrare nonostante il mio divieto. Fa' attenzione, però; sono potente, io, eppure sono l'ultimo dei custodi. Ma di sala in sala custodi ci sono uno più potente dell'altro. La vista di colui che fra costoro viene terzo, neanche io riesco a reggerla'. Per l'uomo di campagna queste difficoltà erano inattese; la Legge, pensava, dev'essere accessibile sempre e a chiunque".

Nelle sue possibili, frequenti degenerazioni, il linguaggio giuridico non è solo forma compiaciuta dell'esercizio del potere: in quanto iniziatico, esso crea una separazione autoritaria fra il popolo – che ne è il destinatario ideale – e la corporazione che lo produce e lo pratica.

L'oscurità della scrittura è profondamente antidemocratica. Ed è una vera e propria patologia, quella che porta alla "legge oscura".

In un celebre pezzo del 1965, Italo Calvino immaginava la verbalizzazione di un interrogatorio relativo al furto di svariati fiaschi di vino e osservava:

> Ogni giorno, soprattutto da cent'anni a questa parte, per un processo ormai automatico, centinaia di migliaia di nostri concittadini traducono mentalmente con la velocità di macchine elettroniche la lingua italiana in un'antilingua inesistente. Avvocati e funzionari, gabinetti ministeriali e consigli d'amministrazione, redazioni di giornali e di telegiornali scrivono parlano pensano nell'antilingua. Caratteristica principale dell'antilingua è quello che definirei il "terrore semantico", cioè la fuga di fronte a ogni vocabolo che abbia di per se stesso un significato, come se "fiasco" "stufa" "carbone" fossero parole oscene, come se "andare" "trovare" "sapere" indicassero azioni turpi. Nell'antilingua i significati sono costantemente allontanati, relegati in fondo a una prospettiva di vocaboli che di per se stessi non vogliono dire niente o vogliono dire qualcosa di vago e sfuggente [...]. Chi parla l'antilingua ha sempre paura di mostrare familiarità e interesse per le cose di cui parla, crede di dover sottintendere: "io parlo di queste cose per caso, ma la mia funzione è ben più in alto delle cose che dico e che faccio,

la mia funzione è più in alto di tutto, anche di me stesso". La motivazione psicologica dell'antilingua è la mancanza d'un vero rapporto con la vita, ossia in fondo l'odio per se stessi. La lingua invece vive solo d'un rapporto con la vita che diventa comunicazione, d'una pienezza esistenziale che diventa espressione. Perciò dove trionfa l'antilingua – l'italiano di chi non sa dire "ho fatto" ma deve dire "ho effettuato" – la lingua viene uccisa.

Il "terrore semantico", la fuga dinanzi alla concretezza delle parole e dei significati, induce il brigadiere di Calvino a verbalizzare "un quantitativo di prodotti vinicoli" invece di "tutti quei fiaschi di vino"; di sostituire alla chiarezza elementare dell'interrogato ("Ne ho preso uno per bermelo a cena") espressioni astratte e involute ("di aver effettuato l'asportazione di uno dei detti articoli nell'intento di consumarlo durante il pasto pomeridiano").

Ed è, questa, una caratteristica che il linguaggio della giustizia condivide con quello della politica: "uno strumento", scriveva ancora Calvino a metà degli anni Sessanta, "utile più a non dire che a dire", a causa di "una terminologia che vuol essere specialistica senza riuscire a essere univoca, e una sintassi ramificata e sinuosa":

"È un linguaggio che ai verbi che indicano un'azione precisa e diretta e concreta preferisce sistematicamente quelli che servono solo a mettere in relazione dei sostantivi che anche loro indicano astrazioni, il cui significato può essere definito solo dalla costruzione della frase. È un linguaggio in cui si possono mettere insieme frasi lunghissime senza un sostantivo concreto o un verbo d'azione".

Un fenomeno del genere produce una progressiva separazione fra le parole e la realtà: una scissione drammatica nella politica come nel diritto, che dovrebbero fondarsi su linguaggi densi di realtà, fatti di cose. Linguaggi che non siano solo "immagini sonore", ma "stringano la realtà in modo che non scappi":

"I vizi di cent'anni di burocratizzazione dell'italiano sono più virulenti che mai [...]. Se c'è un continuo arricchimento di termini tratti dagli studi specializzati (processo da tempo in atto nell'italiano), quello che è acquisito dalla lingua non è il rigore lessicale ma sono solo le sue immagini sonore, non è la soddisfazione di stringere la realtà in modo che non scappi ma è un nuovo sistema di allusioni, non è la fondamentale democraticità del rapporto tecnico con le cose ma un nuovo accento dell'Autorità".

Al contrario, Calvino difende l'uso delle parole che indicano con esattezza le cose: "Il mio ideale linguistico è un italiano che sia il più possibile *concreto* e il più possibile *preciso*. Il nemico da battere è la tendenza degli italiani a usare espressioni *astratte* e *generiche*".

È un invito a volgersi alle parole che Georges Simenon definiva "mots-matière": le parole che significano per tutti la stessa cosa.

"In fondo, cerco anche di costruire le frasi più semplici con le parole più semplici, cioè le più pure. La parola *vento*, la parola *caldo*, la parola *freddo*. Non con parole astratte ma con parole concrete. Scrivo usando parole-materia. La parola-materia è l'equivalente del colore puro. Sono parole che hanno per tutto il mondo lo stesso significato. Se prendo una parola astratta, non ci sono tre persone che danno ad essa lo stesso valore."*

E questo è vero soprattutto nel caso di testi "a forte polarizzazione pragmatica": testi, cioè, destinati a *comunicare*, testi "di servizio" – dalle leggi fino alle istruzioni degli elettrodomestici e delle medicine – che riportano non solo dati e informazioni, ma conoscenze utili a regolare il comportamento pratico del destinatario.

Nel ceto dei giuristi, invece, sembra prevalere l'assunto che, per rivendicare la nobiltà della

---

* "Au fond, j'essaie aussi de faire les phrases les plus simples avec les mots les plus simples, autrement dit les plus purs. Le mot *vent*, le mot *chaud*, le mot *froid*. Pas avec des mots abstraits mais des mots concrets. J'écris avec des mots-matière. Le mot-matière est l'équivalent de la couleur pure. Ce sont des mots qui ont pour tout le monde le même sens. Si je prends un mot abstrait, il n'y a pas trois personnes qui lui donnent la même valeur."

professione, si debba usare un linguaggio diverso da quello della vita comune.

Eppure – non per caso – l'articolo 12 delle Disposizioni sulla legge in generale (Preleggi) richiede che, nell'applicare la legge, l'interprete faccia riferimento al "significato proprio delle parole secondo la connessione di esse". Questo richiamo all'esattezza dei significati dovrebbe costituire un riferimento generale per il giurista, e orientare sempre tanto la sua interpretazione quanto la sua scrittura.

La verbalizzazione è forse il fenomeno in cui più si rivela l'artificiosa separatezza fra la lingua comune e quella degli addetti ai lavori: e non solo perché, come ha scritto Bice Mortara Garavelli, ogni forma di riuso "modifica lo *status* della parola". "Il mutamento del mezzo", la cristallizzazione della parola orale nella forma scritta, ne "cambia la sostanza, anche quando rispetta le relazioni formali all'interno del discorso": difficile, pertanto, che, nella transizione dalla forma orale alla redazione scritta, "i cambiamenti di sostanza non incidano sulla struttura testuale".

Nella redazione dei cosiddetti verbali riassuntivi – in tutti i casi, cioè, in cui il verbale non viene realizzato in forma integrale con la stenotipia o la registrazione fonografica – la sintesi delle deposizioni è inevitabile. Nondimeno, il discrimine fra sintesi e travisamento è nella ricerca della maggiore fedeltà possibile al dettato orale, alle caratteristiche del parlante e della sua lingua.

Consultando i fascicoli dei procedimenti penali, capita frequentemente di imbattersi in verbali di sommarie informazioni concepiti nel modo che segue.

"Alle ore 17.30 mi portavo presso l'esercizio commerciale denominato Bar dello sport per incontrare alcuni amici. Ero intento a sorbire un caffè, allorquando percepivo l'esplosione di tre o quattro colpi d'arma da fuoco in rapida successione, provenienti dal salone di barberia sito nelle immediate adiacenze del suddetto bar."

Oppure: "Prendo atto che la Signoria Vostra mi fa nuovamente presente che sono tenuto a riferire il vero. Prendo atto che nelle mie pregresse dichiarazioni sono contenuti gravi profili di contraddittorietà logica e fattuale. Chiedo mi venga accordato un breve termine per riflettere e riordinare i miei ricordi".

La questione non è solo stilistica. Il rischio che porta con sé l'adozione di un linguaggio burocratico nei verbali è che la manipolazione della forma e del linguaggio si traduca in involontaria, pericolosa manipolazione del pensiero e del contenuto.

***

In Italia, tuttavia, non mancano testi di contenuto giuridico scritti con parsimonia, precisione ed eleganza. Uno di questi – il più importante – è la nostra Costituzione.

L'eccellenza linguistica e finanche letteraria della Costituzione è stata ampiamente dimostrata, anche in base a parametri oggettivi.

Perché un testo sia leggibile, deve essere scritto in un linguaggio piano, diretto e lineare (formato cioè il più possibile sul vocabolario di base) e articolato in frasi che non superino le venticinque parole. Queste due caratteristiche – uso del lessico di base e brevità dei periodi – rendono un testo condivisibile dai destinatari: per la Costituzione, dunque, dai cittadini.

La Costituzione italiana è un testo breve: come ha messo in luce Tullio De Mauro, essa consta in tutto di 9369 parole, non più di una trentina di cartelle. Si articola in frasi che non superano in media le venti parole. Dodici articoli iniziano con le parole "La Repubblica"; nove iniziano con la parola "Tutti"; due con "Nessuno". È scritta utilizzando 1357 lemmi, di cui 1002 appartengono al vocabolario di base della lingua italiana (i rimanenti 355 lemmi, parole che non appartengono al vocabolario di base, costituiscono il 26 per cento del lessico della Costituzione, ma sono usati con frequenza assai minore rispetto ai lemmi appartenenti al vocabolario di base: se si tiene conto del dato essenziale della frequenza delle occorrenze, i vocaboli non di base occupano il 7,87 per cento del testo della Costituzione). Questo nucleo di 1002 vocaboli di base rappresenta pertanto il 92,13 per cento del testo. La media dei commi degli articoli della Costituzione è tre. È un testo esemplare, per sintesi, chiarezza, sobrietà, flessibilità e rigore.

Non pochi tra i vari tentativi di modifica della Costituzione sono stati dannosi, o semplicemente inutili, fin dall'aspetto primo e basilare: l'uso della lingua e delle parole.

Un esempio per tutti: la riforma costituzionale votata dalla maggioranza di centrodestra il 20 ottobre e il 16 novembre del 2005, ma per fortuna non approvata dal referendum del successivo 25 giugno 2006.

Essa interveniva su 55 articoli della Carta, fra i quali l'articolo 70. Tale norma recita semplicemente: "La funzione legislativa è esercitata collettivamente dalle due Camere". Il testo modificato sostituiva a un rigo 113 righi, e in luogo di 9 parole ne introduceva 717.

La farraginosità, l'oscurità, la bruttezza stilistica delle norme sono collegate alla ristrettezza culturale e alla chiusura ideologica, nonché al tentativo di mascherare l'una e l'altra.

Al contrario, la limpidezza e l'essenzialità corrispondono a valori condivisi e collettivamente recepiti. La Costituzione ancora vigente è nata da un travaglio storico e ideale, da una fusione di visioni politiche e culturali, dall'incontro di forze molto diverse fra loro, ma consapevoli del rischio connesso all'assenza di accordo sui valori fondanti.

Naturalmente, la cattiva redazione delle norme (e in generale dei testi giuridici) dipende anche dalla ricchezza – o dalla miseria – culturale di chi le scrive. E solleva un tema cruciale e non eludibile: quello della formazione, non solo tecnica, del giurista.

Ha scritto Salvatore Satta nel 1970:

"Più l'arco della vita piega, più sento che a formare il giurista occorrono due cose che, nella dovuta misura, raramente si possono raggiungere nel breve tempo che ci è concesso: cultura ed esperienza. Senza l'una e senza l'altra, si potrà essere professori, ma non giuristi. Se non si è letto Dante, ad esempio, se non si è ricreato il proprio spirito in Dante, non si può chiamarsi giuristi. Questo finirà con l'inimicarmi molti colleghi, ma è così. Se uno studente mi chiedesse che cosa deve fare per diventare giurista, lo rimanderei alla lettera che Gargantua scrisse al figlio Pantagruele quando si avviò agli studi nella città di Parigi: c'è, a mio modo d'intendere, in quella lettera tutta l'essenza di quello che con perfetta parola si è chiamato umanesimo. Il giurista è (o sarebbe!) il vero umanista del nostro tempo, assai più del filosofo e del letterato".

Proprio l'umanesimo – inteso nell'accezione più ampia – che Satta invocava per gli uomini di legge dovrebbe caratterizzare l'esercizio di una funzione pubblica. Il magistrato e il pubblico funzionario dovrebbero essere percepiti dal cittadino come specialisti qualificati che svolgono un servizio, non come nemici che si avvalgono di gerghi iniziatici per esercitare un potere arrogante e autoreferenziale.

È questa l'idea – prevalentemente anglosassone – di un ordinamento giuridico e di una amministrazione che siano cordiali, riconoscibili dal cittadino come propri e non come altro da sé.

Gli Stati Uniti si sono dati il primo manuale di stile per la redazione di atti e documenti nel 1894, e il testo è giunto oggi alla trentesima edizione.

In Italia, i primi progetti per la semplificazione del linguaggio amministrativo risalgono agli anni Novanta: il primo (1993) si deve al ministro della Funzione Pubblica Sabino Cassese, e ha avuto come risultato la redazione del *Codice di stile delle comunicazioni scritte ad uso delle Amministrazioni Pubbliche*.

Nel 1997 un gruppo di lavoro formato da linguisti e giuristi coordinato da Alfredo Fioritto ha redatto un *Manuale di stile* volto a semplificare il linguaggio della pubblica amministrazione.

Nel 2008 Michele Cortelazzo, italianista dell'Università di Padova, ha impegnato un gruppo di studenti in un laboratorio di ri-scrittura delle *Istruzioni per le operazioni degli uffici elettorali di sezione*: l'apprezzabile frutto di questo lavoro collettivo è un manualetto agile, redatto in uno stile limpido e chiaro a tutti.

Non esiste ancora invece, per l'Italia, un vero e proprio manuale di stile giuridico.

Negli Stati Uniti, sul modello di un piccolo, fondamentale libro continuamente ristampato dagli anni Trenta a oggi – *The Elements of Style* –, è stato pubblicato nel 1991 *The Elements of Legal Style*: un manuale che fissa le regole basilari dell'uso, dall'interpunzione al lessico, dalla grammatica alla sintassi, dall'*actio* all'*elocutio*, con efficacia e chiarezza. Nulla è irrilevante, con le parole: "la vita degli uomini può dipendere da una virgola" è la frase che apre il capitolo sulla punteggiatura.

Si legge nella prefazione: "Noi giuristi possediamo solo le parole. Noi non possiamo prescrivere medicine ai nostri pazienti. In un processo, nella stesura di una lettera, nella redazione di un contratto, in una trattativa, le parole sono il nostro unico strumento di lavoro. Quando si scrive, quando si parla, l'unico vero obiettivo è la chiarezza".

# Nota dell'autore

Questo libro si compone di due parti, dalle proporzioni molto diverse. La prima – *La manomissione delle parole* – dà il titolo al volume e costituisce lo sviluppo di una conversazione al Salone del Libro di Torino del 2009.

La seconda parte – *Le parole del diritto* – è la rielaborazione di un dialogo con il mio amico Gaetano Savatteri al Festival del Diritto di Piacenza, nel 2008.

Mi è difficile definire con precisione la natura di questo libro. Verrà classificato come un saggio (e in un certo senso lo è), ma tengo a dire che, per me, è soprattutto l'esito di un gioco di sconfinamenti. Un'antologia anarchica. Una ricerca di senso, anche, soprattutto attraverso le parole e le pagine di altri, da Hannah Arendt a don Milani, da Aristotele a Bob Dylan, da Goethe a Gramsci.

I capitoli sono legati fra loro in un itinerario concettuale, ma nulla vieta di leggerli separatamente o in un ordine diverso da quello indicato dalla sequenza delle pagine.

Il libro non ci sarebbe – o sarebbe molto diverso e meno ricco – senza il lavoro di Margherita Losacco, lavoro che è andato ben oltre la redazione e la cura dell'apparato bibliografico.

Molti degli spunti, molte delle idee che attraversano il libro sono infatti il risultato di sue intuizioni e il frutto dei suoi studi.

Molto del libro, dunque, le appartiene almeno quanto appartiene a me.

Note
a cura di Margherita Losacco

Margherita Losacco (Bari, 1974) è ricercatrice di Filologia classica all'Università di Padova.

p. 5

La citazione iniziale costituisce una rielaborazione della frase
posta in esergo a N. Gaiman, *Coraline*, London, Bloomsbury,
2002, p. 7: "Fairy tales are more than true: not because they
tell us that dragons exist, but because they tell us that dragons can be beaten (G.K. Chesterton)" ("Le fiabe dicono più
che la verità. E non solo perché raccontano che i draghi esistono, ma perché affermano che si possono sconfiggere":
N. Gaiman, *Coraline*, traduzione di M. Bartocci, Milano,
Mondadori, 2003, p. 7). In Chesterton si legge: "Fairy tales,
then, are not responsible for producing in children fear, or any
of the shapes of fear; fairy tales do not give the child the idea
of the evil or the ugly; that is in the child already, because it
is in the world already. Fairy tales do not give a child his first
idea of bogey. What fairy tales give the child is his first clear
idea of the possible defeat of bogey. The baby has known the
dragon intimately ever since he had an imagination. What the
fairy tale provides for him is a St. George to kill the dragon"
(G.K. Chesterton, *Tremendous Trifles*, London, Methuen &
Co., 1909, p. 102).

La manomissione delle parole

Introduzione

pp. 9-13
G. Carofiglio, *Ragionevoli dubbi*, Palermo, Sellerio, 2006,
pp. 125-129.

Per il significato di *manomissione*, il *Dizionario della lingua
italiana* di F. Palazzi - G. Folena (Torino, Loescher, 1992), s.v.
*manomettere*, p. 1064, reca "1. alterare, guastare, violare [...]
2. Nell'antica Roma, restituire la libertà a uno schiavo". In
S. Battaglia, *Grande Dizionario della Lingua Italiana*, IX, Torino, UTET, 1975, s.v. *manomettere*, pp. 725-727, il primo valore
del verbo rinvia al diritto romano: "concedere la libertà a un
proprio schiavo, mediante il negozio giuridico di manomissione"; ma *manomettere* significa anche "mettere mano a qualcosa; cominciare a usarla, a consumarla, a prenderne una parte
[...]; intaccare", e, per estensione, "ridurre in cattivo stato,
danneggiare, guastare; rovinare, distruggere; sciupare, sgual-
cire", nonché "mettere in disordine o a soqquadro qualcosa
per rubare o per soddisfare una curiosità illecita; forzare, fru-
gare, rovistare indebitamente (un cassetto, un armadio, ecc.);
aprire, dissigillare abusivamente (una lettera, un plico)"; solo
per ulteriore estensione si giunge ai significati di "danneggiare irreparabilmente, alterare, compromettere (la bellezza, la
purezza di un'arte, di una virtù); ledere, indebolire, inficiare
(un valore, un'istituzione)"; cfr. anche *ibid.*, s.v. *manomissione*,
p. 727. Per una sintesi sull'istituzione della *manumissio* in Gre-
cia e a Roma cfr. G. Schiemann, *Manumission*, in *Brill's New
Pauly. Antiquity volumes* edited by H. Cancik - H. Schneider,
VIII, Leiden - Boston, Brill, 2006, coll. 263-266.

p. 15
Le parole di Ghiannis Ritsos sono state ricordate da Nicola

Crocetti al Festivaletteratura di Mantova nel settembre 2009: cfr. C. Taglietti, *E Ritsos scriveva sette poesie al giorno*, «Corriere della Sera», 13 settembre 2009, p. 27.

p. 16
Sulle "nuove metafore" cfr. G. Lakoff - M. Johnson, *Metafora e vita quotidiana*. Edizione italiana a cura di P. Violi, Milano, Bompiani, 2007³ [1998; *Metaphors We Live By*, Chicago, Illinois, University of Chicago Press, 1980], pp. 173-181 (la citazione è tratta da p. 173).


1. Quante parole, quali parole

pp. 17-18
Le parole di Gustavo Zagrebelsky sono tratte dalla lezione tenuta alla Biennale Democrazia di Torino (Torino, 22-26 aprile 2009) il 23 aprile 2009. Il testo è reperibile all'indirizzo web <http://www.biennaledemocrazia.it/pdf/lezione_zagrebelsky.pdf>; la citazione si legge a p. 23; il decalogo a p. 20. Cfr. inoltre Id., *Imparare democrazia*, Torino, Einaudi, 2007, p. 35; il decalogo alle pp. 15-38.

Impossibile qui fermarsi sulla nozione di *democrazia*. Sul valore, sull'estensione, sull'ambiguità della parola si può rinviare a: L. Canfora, *La democrazia: storia di un'ideologia*, Roma - Bari, Laterza, 2004; Id., *Critica della retorica democratica*, Roma - Bari, Laterza, 2002; G. Sartori, *La democrazia in trenta lezioni*, a cura di L. Foschini, Milano, Mondadori, 2008; Id., *Democrazia: cosa è*, Milano, BUR - Rizzoli, 2006.

pp. 18-19
Sul rapporto fra linguaggio e violenza si può rinviare a: A.D. Davis - D.D. Sanger - M. Morris - Friehe, *Language Skills of Delinquent and Nondelinquent Adolescent Males*,

«Journal of Communication Disorders» 24, 1991, pp. 251-266; D.D. Sanger - K. Hux - D. Belau, *Oral Language Skills of Female Juvenile Delinquents*, «American Journal of Speech-Language Pathology» 6, 1997, pp. 70-76; D.D. Sanger - J.W. Creswell - J. Dworak - L. Schultz, *Cultural Analysis of Communication Behaviors Among Juveniles in a Correctional Facility*, «Journal of Communication Disorders» 33, 2000, pp. 31-57; K. Bryan, *Preliminary Study of the Prevalence of Speech and Language Difficulties in Young Offenders*, «International Journal of Language & Communication Disorders» 39, 2004, pp. 391-400; P.C. Snow - M.B. Powell, *Oral Language Competence, Social Skills and High-risk Boys: What are Juvenile Offenders Trying to Tell us?*, «Children & Society» 22, 2008, pp. 16-28.

Sul rapporto tra violenza giovanile e capacità narrative cfr. P.C. Snow - M.B. Powell, *What's the Story? An explanation of narrative language abilities in male juvenile offenders*, «Psychology, Crime & Law» 11, 2005, pp. 239-253. Inoltre Snow - Powell, *Oral Language Competence*, p. 17: "Narrative competence is the 'canary in the coalmine' with respect to language competence. It has a special significance in relation to young offenders, as it is the means by which an accused person can tell their story to law enforcement authorities. [...] This language deficit inevitably disadvantages young offenders within the legal system because judicial decisions largely depend on the quality and credibility of the evidence provided by defendants".

pp. 19-20
Il fenomeno dell'ipocognizione è descritto in G. Lakoff, *Non pensare all'elefante!*, prefazione di F. de Bortoli, postfazione di G. Moltedo, traduzione di B. Tortorella, Roma, Fusi orari, 2006 [*Don't Think of an Elephant: know your values and frame the debate: the essential guide for progressives*, White River Junction, VT, Chelsea Green, 2004], p. 45.

p. 20
La citazione è tratta da L. Wittgenstein, *Tractatus logico-philosophicus e Quaderni 1914-1916*, a cura di A.G. Conte. Nuova edizione, Torino, Einaudi, 1995, p. 88 (*Tractatus*, 5.6).

pp. 20-21
Gli estratti dalla *Città di vetro* si leggono in P. Auster, *Trilogia di New York. Città di vetro. Fantasmi. La stanza chiusa*, traduzione di M. Bocchiola, Torino, Einaudi, 1996 [*The New York Trilogy: City of Glass, Ghosts, The Locked Room*, Los Angeles, Sun & Moon Press, 1986], pp. 47 e 51.

p. 21
Cfr. Zagrebelsky, <http://www.biennaledemocrazia.it/pdf/lezione_zagrebelsky.pdf>, p. 24; Id., *Imparare democrazia*, p. 36.

p. 21-22
Cfr. T.S. Eliot, *La terra desolata. Quattro quartetti*, introduzione di C. Miłosz, traduzione e cura di A. Tonelli [...], Milano, Feltrinelli, 2004⁵ [1995], pp. 158-161. "[...] And every phrase / And sentence that is right (where every word is at home, / Taking its place to support the others, / The word neither diffident nor ostentatious, / An easy commerce of the old and the new, / The common word exact without vulgarity, / The formal word precise but not pedantic, / The complete consort dancing together) [...]".

p. 22
Le parole di Socrate a Critone si leggono in Platone, *Fedone* 115e (traduzione di G. Reale, in Platone, *Tutti gli scritti*, a cura di G. Reale, Milano, Rusconi, 1994⁴ [1991], p. 120).

## 2. Fare le cose con le parole

pp. 23-24
Il dialogo tra Humpty Dumpty e Alice è tratto da L. Carroll, *Le avventure di Alice nel Paese delle Meraviglie. Attraverso lo specchio*, traduzione e note di M. d'Amico, introduzione di P. Citati [...], Milano, Mondadori, 1978, p. 203.

Sulle interpretazioni di questo celebre passo di *Attraverso lo specchio* cfr. almeno M. Hancher, *Humpty Dumpty and Verbal Meaning*, «The Journal of Aesthetics and Art Criticism» 40, 1981, pp. 49-58. Le parole della Regina Rossa si leggono – nello stesso romanzo – in Carroll, *Le avventure*, p. 237.

p. 24
L'equivalenza tra parole e atti è enunciata in L. Wittgenstein, *Ricerche filosofiche*, a cura di M. Trinchero, Torino, Einaudi, 1967 [*Philosophische Untersuchungen*, Oxford, Blackwell, 1953], p. 193, n. 546.

Il libro di John L. Austin si intitola *Come fare cose con le parole*, a cura di C. Penco e M. Sbisà, traduzione di C. Villata, Genova, Marietti, 1987 [*How to Do Things with Words*, Oxford - New York, Oxford University Press, 1962, 1975²].

pp. 24-25
Una traduzione italiana del saggio di George Orwell, *Politics and the English Language*, pubblicato nel 1946 sulla rivista «Horizon» (13, pp. 252-265), si può leggere all'indirizzo web <http://initaliano.files.wordpress.com/2009/09/orwell_it_politics-and-the-english-language4.pdf>.

pp. 25-26
Le parole sulle finalità e le caratteristiche della Neolingua si leggono in G. Orwell, *1984*, traduzione di G. Baldini [...], Mi-

lano, Mondadori, 1973 [*Nineteen Eighty-Four*, London, Secker & Warburg, 1949], pp. 331-332, 339.


pp. 26-27
Sugli enunciati di tipo performativo cfr. Austin, *Come fare cose*, pp. 9-10.


p. 27
Per gli effetti creativi della comunicazione si veda P. Watzlawick, *La realtà della realtà. Comunicazione, disinformazione, confusione*, traduzione di J. Sanders, Roma, Astrolabio, 1976 [*How Real is Real? Confusion, Disinformation, Communication*, New York, Random House, 1976], p. 7.


p. 27-28
L'esperimento è descritto e commentato in E.F. Loftus, *Eyewitness Testimony*, Cambridge, Harvard University Press, 1979.


pp. 28-29
Sulle parole usate come "cavallo di Troia di un disegno autoritario" si veda E. Golino, *Parola di Duce. Il linguaggio totalitario del fascismo e del nazismo: come si manipola una nazione*, BUR - Rizzoli, 2010 [1994], p. 24. Su regimi e linguaggi totalitari si veda inoltre almeno J.P. Faye, *Introduzione ai linguaggi totalitari. Per una teoria del racconto*, traduzione di L. Muraro, Milano, Feltrinelli, 1975 [*Théorie du récit. Introduction aux langages totalitaires*, Paris, Hermann, 1972].


p. 29
Sulla forza, l'efficacia e le conseguenze delle parole cfr. Q. Skinner, *Significato, atti linguistici e interpretazione*, in Id., *Dell'interpretazione*, Bologna, il Mulino, 2001, pp. 123-153. Si veda inoltre J. Butler, *Parole che provocano. Per una politica del performativo*, Milano, Raffaello Cortina, 2010 [*Excitable*

*Speech. A Politics of the Performative*, New York - London, Routledge, 1997].

Sul linguaggio dell'antisemitismo, sull'"archivio antiebraico" e sulle parole come fondamento di pratiche razziste e xenofobe cfr. S. Levis Sullam, *L'archivio antiebraico. Il linguaggio dell'antisemitismo moderno*, Roma - Bari, Laterza, 2008.

pp. 33-34
Per il titolo *Processi, vittoria di Berlusconi* cfr. «il Giornale», anno XXXVII, 48, 26 febbraio 2010, p. 1; le citazioni successive sono tratte dall'editoriale di V. Feltri, *ibid*.

pp. 35-36
Il testo della *Nobel Lecture* di Toni Morrison si legge all'indirizzo web <http://nobelprize.org/nobel_prizes/literature/laureates/1993/morrison-lecture.html>. La traduzione che si presenta in questo libro è nostra. Una traduzione italiana completa è offerta in *Tra scrittura e libertà. I discorsi dei Premi Nobel per la Letteratura*, a cura di D. Padoan, Milano, Editrice San Raffaele, 2010, pp. 185-194.

3. Lingua del dubbio e lingua del potere

pp. 37-38
Il titolo completo del saggio di Klemperer è: V. Klemperer, *LTI. La lingua del Terzo Reich. Taccuino di un filologo*, prefazione di M. Ranchetti, traduzione di P. Buscaglione, Firenze, La Giuntina, 1998 [*LTI. Notizbuch eines Philologen*, Berlin, Aufbau Verlag, 1947; Leipzig, Reclam Verlag, 1975]. L'osservazione sul punto interrogativo ("l'interpunzione più importante. Che è la posizione più lontana dalla stolida sicurezza di sé dei nazisti") si legge a p. 98. Sull'edizione italiana del *Taccuino* si veda almeno E. Paradisi, *Elogio di un filologo*, «Qua-

derni del Laboratorio di Linguistica», n.s. 2, 2001, pp. 138-142, consultabile anche all'indirizzo web: <http://alphalinguistica. sns.it/QLL/QLL01/EP.Elogiofilologo.pdf>. Per un commento sistematico al *Taccuino* si rinvia a K. Fischer-Hupe, *Victor Klemperers "LTI. Notizbuch eines Philologen". Ein Kommentar*, Hildesheim - Zürich - New York, Olms, 2001.

Della vastissima mole di annotazioni di Klemperer – i *Diari* –, la cui estensione complessiva copre oltre mezzo secolo, è ora pubblicata anche la traduzione italiana della porzione relativa agli anni dell'ascesa del nazismo e della guerra: V. Klemperer, *Testimoniare fino all'ultimo. Diari 1933-1945*, a cura di W. Nowojski con la collaborazione di H. Klemperer. Edizione italiana a cura di A. Ruchat e P. Quadrelli. Prefazione di C. Segre, Milano, Mondadori, 2000 [*Ich will Zeugnis ablegen bis zum letzten*, Berlin, Aufbau-Verlag, 1995]. Dalla prefazione di Cesare Segre (pp. XI-XVIII, particolarmente p. XI) sono ricavate anche le parole di Klemperer sul suo "modo di essere eroico".

Per una felice applicazione del metodo di Klemperer ai testi latini di età augustea, e per utili riflessioni sulla retorica della menzogna e dell'ambiguità, cfr. E. Pianezzola, *Libertas et speciosa nomina: la forza suggestiva delle formule politiche*, «Bollettino di Studi Latini» 27, 1997, pp. 142-154, rist. con modifiche e aggiunte in Id., *Percorsi di studio. Dalla filologia alla storia*, Amsterdam, Hakkert, 2007, pp. 299-311. Nel saggio di Pianezzola sono illustrati con chiarezza vari degli esempi che si leggono in questo libro alle pp. 43-48 relativi alla storiografia e all'oratoria greco-romana, e molti altri vengono suggeriti e discussi.

p. 38
L'espressione "quel tanto di pedantesco che si annida in ogni filologo" figura in Klemperer, *LTI*, p. 31. *Ibid.*, p. 26, si legge: "Ma quando per decenni, e con grande soddisfazione, si è

esercitata una determinata professione, alla fine si resta segnati da questa più che da ogni altra cosa; perciò è stata la lingua del Terzo Reich, proprio in senso letterale e in senso filologico non metaforico, a cui io mi sono tenuto stretto e di cui ho fatto la mia asta per reggermi in equilibrio sulla desolazione delle dieci ore di lavoro in fabbrica, sull'orrore delle perquisizioni, degli arresti, dei maltrattamenti ecc. ecc.".

p. 39
Le riflessioni sulla lingua delle ideologie "competitive" si leggono in G. Steiner, *Dopo Babele. Aspetti del linguaggio e della traduzione*, traduzione di R. Bianchi, C. Béguin, Milano, Garzanti, 2004 [*After Babel. Aspects of language and translation*, Oxford - New York, Oxford University Press, 1992²], p. 60.

pp. 39-40
Le due ampie citazioni sulla lingua del Terzo Reich e sulle modalità della propaganda nazista si leggono in Klemperer, *LTI*, pp. 33 e 32.

p. 41
Le osservazioni sulla povertà e la limitatezza della lingua nazista si leggono in Klemperer, *LTI*, pp. 37 e 41; il terzo capitolo dell'opera «Caratteristica fondamentale: povertà» occupa le pp. 37-42. Sulla indagine della lingua come strumento di autoconservazione cfr. *ibid.*, p. 57. Sulla pervasività delle "frasi fatte" cfr. *ibid.*, p. 45.

p. 42
Le parole di Primo Levi sono tratte da P. Levi, *La tregua* [1963], in Id., *Opere*, a cura di M. Belpoliti, introduzione di D. Del Giudice, Torino, Einaudi, 1997, I, p. 282.

Le osservazioni sulla ripetizione ossessiva come stilema tipico di una lingua totalitaria figurano in Klemperer, *LTI*, p. 51.

"Lo stile obbligatorio per tutti era quello dell'imbonitore" è frase di Klemperer, *LTI*, p. 41.

## 4. Il furto delle parole: democrazia e libertà

p. 43
Una utile rassegna di luoghi greci e latini in traduzione italiana – dal libro della *Genesi* fino a Marziano Capella – che permettono di ricostruire una storia del pensiero antico intorno alla parola è offerta nell'antologia che chiude il libro di D. Del Giudice - U. Eco - G. Ravasi, *Nel segno della parola*, a cura e con un saggio di I. Dionigi, Milano, BUR - Rizzoli, 2005, pp. 67-123.

pp. 43-44
La traduzione di Tucidide, *La guerra del Peloponneso*, III 82, 4-5 è tratta da Tucidide, *La guerra del Peloponneso*, edizione con testo greco a fronte a cura di L. Canfora, Torino, Einaudi - Gallimard, 1996, p. 437; commento alle pp. 1300-1301.

p. 44
La traduzione da Sallustio, *La congiura di Catilina*, 52, 11 è tratta da Caio Sallustio Crispo, *Opere*, a cura di P. Frassinetti e L. Di Salvo, Torino, UTET, 1991, p. 163. Si veda sul passo L. Canfora, *Vera vocabula rerum amisimus*, in *Continuità e trasformazioni fra Repubblica e Principato. Istituzioni, politica, società*, a cura di M. Pani, Bari, Edipuglia, 1991, pp. 103-108, ora in L. Canfora, *Studi di storia della storiografia romana*, Bari, Edipuglia, 1993, pp. 149-155.

La traduzione italiana della *Nobel Lecture* di Czesław Miłosz, disponibile in inglese all'indirizzo web <http://nobelprize. org/nobel_prizes/literature/laureates/1980/milosz-lecture-en. html>, si legge in *Tra scrittura e libertà*, pp. 300-312: citazione a p. 305.

Sulle manipolazioni del concetto di democrazia si veda Canfora, *La democrazia*, particolarmente pp. 361-367.

p. 45
Le parole di Giovanni Sartori si leggono in G. Sartori, *Democrazia e definizioni*, Bologna, il Mulino, 1972⁴ [1957], pp. 10-11.

L'attacco contro la sinistra italiana si legge in V. Testa, *Il Muro di Berlusconi: Compagni, pentitevi*, «la Repubblica», 10 novembre 1999, p. 4.

Sulla necessità di una riflessione storica intorno alle parole della politica si veda V. Foa - F. Montevecchi, *Le parole della politica*, Torino, Einaudi, 2008, p. 54: "Rispetto al linguaggio politico la conoscenza della vita della parola sembrerebbe ancora più necessaria poiché non esistono soluzioni prefissate, ma di volta in volta è necessario entrare nel merito dei problemi e ragionarci sopra per riuscire a verbalizzarli, dunque a risolverli".

p. 46
"Sentire un profumo e fiutare il futuro in qualche parola" è, secondo F.S. Fitzgerald, "la differenza fra il professionista della scrittura e il dilettante": cfr. S. Ronchey, *Il guscio della tartaruga. Vite più che vere di persone illustri*, Roma, Nottetempo, 2009, p. 64; per la fonte cfr. il relativo regesto, all'indirizzo web <http://www.silviaronchey.it/materiali/regesto_igdt.pdf>, p. 23.

Le parole sulla libertà "non di tutti" sono tratte da Canfora, *La democrazia*, p. 365.

Sulla *libertà* come parola viscida cfr. N. Bobbio, *Destra e sinistra. Ragioni e significati di una distinzione politica*, Roma, Donzelli, 2004⁴ [1994], p. 19; inoltre *ibid.*, pp. 135-144.

Sull'ambiguità della parola *popolo* e sul mutamento semantico a essa relativo a partire dalla nozione greca di *demos* fino alla moderna "società atomizzata, squilibrata, disordinata" cfr. Sartori, *Democrazia*, pp. 18-19.

Sugli abusi compiuti dai "ladri di parole" si veda l'intervista a G. Carofiglio in L. Milella, *Berlusconi è un ladro di parole indifferente alle macerie del Paese*, «la Repubblica», 13 marzo 2010, p. 11.

Sulle parole *libertà* e *legalità* nel mondo romano cfr. R. Syme, *La rivoluzione romana*, introduzione di A. Momigliano, traduzione di M. Manfredi, Torino, Einaudi, 1962 [*The Roman Revolution*, Oxford, Clarendon Press, 1939], p. 61.

pp. 46-47
Su libertà dei cittadini e libertà dei sudditi si veda M. Viroli, *La libertà dei servi*, Roma - Bari, Laterza, 2010 (la citazione è tratta da p. 13).

p. 47
Sul rapporto fra libertà e rispetto delle leggi si legga Platone, *Leggi*, 715 c-d; traduzione italiana di R. Radice (qui con qualche lieve modifica lessicale) in Platone, *Tutti gli scritti*, pp. 1534-1535.

pp. 47-48
La traduzione di Cicerone, *In difesa di Cluenzio*, 53, 146 è tratta da M. Tullio Cicerone, *Le orazioni*, II, *dal 69 al 59 a.C.*, a cura di G. Bellardi, Torino, UTET, 1981, p. 465.

p. 48
Per il testo latino e una puntuale traduzione italiana del passo tratto dall'*Epistola agli scelleratissimi Fiorentini* ("l'obbedienza alle quali [*scil.* leggi], se lieta, se spontanea, non solo

è dimostrato che non è schiavitù, ma a chi sagacemente consideri è chiaro che è la stessa suprema libertà") si veda Dante Alighieri, *Opere minori*, II, a cura di F. Chiappelli - E. Fenzi - A. Jacomuzzi - P. Gaia, Torino, UTET, 1986, pp. 394-395.

pp. 48-49
Un'analisi del linguaggio e dei discorsi di Berlusconi si trova in S. Bolasco - L. Giuliano - N. Galli de' Paratesi, *Parole in libertà: un'analisi statistica e linguistica dei discorsi di Berlusconi*, Roma, Manifestolibri, 2006, p. 45 (con bibliografia alle pp. 141-142). Sulle occorrenze della parola "libertà"*ibid.*, pp. 46-47. Sulla confusione tra "libertà" e "liberismo" *ibid.*, p. 40, e Canfora, *Critica*, p. 30: "La destra afferma oggi il 'liberismo' come suo credo dominante (parola connessa al concetto di libertà, e dunque molto presentabile e molto attraente)".

*Il credo laico di Forza Italia* è stampato in S. Berlusconi, *Una storia italiana*, Milano, Mondadori, 2001, p. 78. Si può leggere all'indirizzo: <http://www.ilpopolodellaliberta.it/forzaitalia/credolaico.pdf>.

p. 49
Sull'inquinamento degli argomenti nel dibattito politico e civile si legga il libro recente di F. D'Agostini, *Verità avvelenata. Buoni e cattivi argomenti nel dibattito pubblico*, Torino, Bollati Boringhieri, 2010.

p. 49-50
Gli estratti sono ricavati da S. Berlusconi, *L'amore vince sempre sull'invidia e sull'odio*, Milano, Mondadori, 2010, pp. 14 e 23-24.

p. 50
Le parole di Berlusconi sulla fondazione del "partito dell'amore" si possono leggere, ad esempio, in G. Luzi, *Il premier: Ri-*

*forme nel 2010, noi siamo il partito dell'amore*, «la Repubblica», 27 dicembre 2009, p. 10.

Sulle parole che "spargono germi totalitari" cfr. Zagrebelsky, *Imparare democrazia*, p. 12.

p. 51
Sul carattere prerazionale di amore e odio cfr. U. Galimberti, *Quando vince l'irrazionale*, «la Repubblica», 25 marzo 2010, p. 43.

Su amore e odio come parole non politiche si veda F. Ceccarelli, *L'antica regola del pudore*, «la Repubblica», 25 marzo 2010, p. 43; fra i dizionari del lessico politico Ceccarelli rinvia, ad esempio, a G. Di Capua, *Le parole della politica*, Roma, EBE, 1973.

L'osservazione sul dubbio e la mediazione quali "figure essenziali della buona politica" si legge in Galimberti, *Quando vince l'irrazionale*.

pp. 51-52
L'indagine statistica e quantitativa del linguaggio di Berlusconi è offerta in Bolasco - Giuliano - Galli de' Paratesi, *Parole in libertà*, dove, a p. 8, figura anche la relativa citazione. Sull'appello al patetismo *ibid.*, p. 70.

p. 52
Sulla regressione del potere a logiche primitive cfr. Galimberti, *Quando vince l'irrazionale*.

Le parole di Adriano Sofri si leggono in A. Sofri, *Amore e odio. Gli slogan sentimentali e il grado zero della politica*, «la Repubblica», 25 marzo 2010, p. 42.

p. 53

Gli esempi sono tratti da P. Gomez - M. Travaglio, *"Coglioni, kapò e mentecatti", l'amore secondo B.*, «Il Fatto Quotidiano», 16 dicembre 2009. Molte altre utili attestazioni in M. Portanova, *Il Partito dell'Amore*, Milano, Chiarelettere, 2010.

p. 54

Le parole di Klemperer figurano in *LTI*, p. 27.


5. In principio era il Verbo

pp. 55-56

Il passo del *Faust* si legge in J.W. Goethe, *Faust*, introduzione, traduzione con testo a fronte e note a cura di F. Fortini, Milano, Mondadori, 1994 [1970], pp. 94-95; commento *ibid.*, p. 1067, nota ("Lutero ha tradotto con *Wort*, parola, *verbum*. Ma al termine latino e tedesco manca un elemento essenziale del *logos*, e cioè la sua concettualità. Faust passa quindi a *Sinn*, inteso come intelletto e pensiero. Ma anche questo non può soddisfarlo, perché viene a mancare la spinta creatrice che pur è nell'originale greco: e allora propone *Kraft*, che è forza ed energia. Ancora una volta Faust-Goethe avverte che *Kraft* sarebbe il principio creatore ma solo dalla parte del soggetto; e troppo esclusivamente potenziale. La conclusione è *die Tat*, l'azione, la prassi. Si ha qui uno dei termini che riassumono quello che si è convenuto chiamare il Faustismo; quel complesso atteggiamento che unisce attivismo e volontarismo e che nel secolo XIX, dall'impeto creativo della borghesia in ascesa, trapassa all'irrazionalismo estetizzante di quella avviata all'imperialismo").


p. 56

Le parole di Hitler ("Ich liebe Goethe nicht. Aber um des einen Wortes willen bin ich bereit ihm vieles nachzusehen:

Im Anfang war die Tat!") sono commentate in A. Dabezies, *Visages de Faust au XX^e siècle. Littérature, idéologie et mythe*, Paris, Presses universitaires de France, 1967, p. 288 n. 1. Esse si leggono in H. Rauschning, *Confidenze di Hitler*, [Padova], il Torchio, 1946, p. 210 [*Gespräche mit Hitler*, Zürich - New York, Europa Verlag, 1940⁴].

Le parole di Berlusconi sulla "scelta di campo" sono riportate in L. Fuccaro, *Berlusconi: noi risolviamo le emergenze*, «Corriere della Sera», 17 febbraio 2010, p. 3.

pp. 58-59
Il testo della *Nobel Lecture* di Nadine Gordimer si legge all'indirizzo web <http://nobelprize.org/nobel_prizes/literature/laureates/1991/gordimer-lecture.html>; traduzione italiana in *Tra scrittura e libertà*, pp. 213-225; citazione alle pp. 213-214.

p. 60
Per il valore del verbo greco *lego* si veda P. Chantraine, *Dictionnaire étymologique de la langue grecque. Histoire des mots*, Paris, Klincksieck, 1968, s.v. *lego*, pp. 625-626: "Le sens originel est 'rassembler, cueillir, choisir' (Hom.)" (p. 625). Dal valore di *elencare, enumerare* discende poi il successivo, più noto significato di *dire, raccontare*.

Sul significato di *logos* nella letteratura filosofica greca e nell'uso grammaticale si veda il *Dizionario dei concetti biblici del Nuovo Testamento*, a cura di L. Coenen - E. Beyreuther - H. Bietenhard, Bologna, EDB, 1980² [1976], s.v. *parola*, pp. 1168-1208, e particolarmente pp. 1170-1175 [s.v. *logos*, a cura di G. Fries].

Aristotele, *Politica*, 1253a7-18: "È chiaro quindi per quale ragione l'uomo è un essere socievole molto più di ogni ape e di ogni capo d'armento. Perché la natura, come diciamo, non fa niente senza scopo e l'uomo, solo tra gli animali, ha la parola:

la voce indica quel che è doloroso e gioioso e pertanto l'hanno anche gli altri animali (e, in effetti, fin qui giunge la loro natura, di avere la sensazione di quanto è doloroso e gioioso, e di indicarselo a vicenda), ma la parola è fatta per esprimere ciò che è giovevole e ciò che è nocivo e, di conseguenza, il giusto e l'ingiusto: questo è, infatti, proprio dell'uomo rispetto agli altri animali, di avere, egli solo, la percezione del bene e del male, del giusto e dell'ingiusto e degli altri valori: il possesso comune di questi costituisce la famiglia e lo stato"; traduzione in Aristotele, *Politica*, a cura di R. Laurenti, Roma - Bari, Laterza, 1993, pp. 6-7.

p. 61
Il linguaggio della politica – e anche della cospirazione politica – era costituito di parole elementari, appartenenti al linguaggio comune, già nell'antichità classica: cfr. L. Canfora, *Lessico politico. Oratoria politica e giudiziaria in Atene*, «Quaderni di Storia» 8, 1978, pp. 295-305, in particolare p. 295. "Nonostante il loro logoramento, pensare di sbarazzarsi delle parole abusate, che sono quasi sempre grandi parole, auspicando magari nuovi linguaggi, diventa rinuncia all'impegno comune e incremento della vacuità linguistica": Foa - Montevecchi, *Le parole della politica*, p. 55.

Per le parole come "pistole cariche" cfr. J.-P. Sartre, *Qu'est-ce que la littérature?*, Paris, Gallimard, 1948, p. 31: "Il sait que les mots, comme dit Brice Parain, sont des 'pistolets chargés'".

Si segnalano qui, senza alcuna pretesa di esaustività, alcuni esempi, assai diversi fra loro per sistematicità e impianto, di lessici ragionati di parole-chiave: R. Williams, *Keywords. A Vocabulary of Culture and Society*, London, Croom Helm, 1976; Fontana Press, 1983² (Williams indaga in particolare lo stratificarsi storico dei significati delle parole-chiave, sola prospettiva che può garantirne la consapevolezza: cfr. al riguardo

Q. Skinner, *Linguaggio e mutamento sociale*, in Id., *Dell'interpretazione*, pp. 155-175); L. Boella, *Le parole-chiave della politica*, Mantova, Scuola di Cultura Contemporanea, 1993; T. Bennett - L. Grossberg - M. Morris, *New Keywords. A Revised Vocabulary of Culture and Society*, Oxford, Blackwell, 2005, trad. it. *Nuove parole chiave. Dizionario di cultura e società*. Edizione italiana a cura di C. Pagetti - O. Palusci, traduzione di M. Vizzaccaro, Milano, il Saggiatore, 2008; Foa - Montevecchi, *Le parole della politica* (p. VIII: "per qualche tempo ho pensato che la politica fosse vuota perché vuote erano le sue parole"); S. Veca, *Dizionario minimo. Le parole della filosofia per una convivenza democratica*, Milano, Frassinelli, 2009 (parole: libertà; tirannia; solitudine; incompletezza; giustizia; democrazia; laicità; riformismo; tolleranza; rispetto; identità; speranza); G. Pasquino, *Le parole della politica*, Bologna, il Mulino, 2010² [2000]; *Gli ismi della politica, 52 voci per ascoltare il presente*, a cura di A. D'Orsi, Roma, Viella, 2010.

6. Vergogna

p. 62
Virgilio rimprovera a Dante di essersi fermato ad ascoltare l'alterco tra i falsari maestro Adamo e Sinone, causando la vergogna di Dante, nel XXX canto dell'*Inferno*, vv. 130-135.

Un'analisi delle occorrenze e dei valori della parola *shame* in Shakespeare in N.A. Cluck, *Shakespearean Studies in Shame*, «Shakespeare Quarterly» 36, 1985, pp. 141-151; cenni in W.L. Gundersheimer, *Renaissance Concepts of Shame and Pocaterra's Dialoghi Della Vergogna*, «Renaissance Quarterly» 47, 1994, pp. 34-56; E. Fernie, *Shame in Shakespeare*, London - New York, Routledge, 2002.

Sulla radice germanica *skam/skem* della parola *shame* e sul suo nesso con la radice indoeuropea *kam/kem* (che indica il gesto del coprire, del velare, del nascondere) una sintesi in M. Belpoliti, *Senza vergogna*, Parma, Guanda, 2010, p. 14, con bibliografia a p. 225.

Al saggio di Belpoliti si rinvia per una ampia, documentata riflessione sul tema della vergogna, per la bibliografia finale e per una messa a punto sulla distinzione tra vergogna e senso di colpa.

p. 63
Per i contrari di *vergogna* cfr. A. Gabrielli, *Dizionario dei sinonimi e dei contrari analogico e nomenclatore*, Milano, Istituto Editoriale Italiano, 1967, p. 845.

Per *svergognatezza* cfr. S. Battaglia, *Grande Dizionario della Lingua Italiana*, XX, Torino, UTET, 2000, s.v. *svergognatezza*, pp. 614-615: "perdita assoluta di vergogna, di pudore, di ritegno nel compiere un'azione o in un comportamento" (p. 614).

Sul valore del prefisso *s-* si veda L. Serianni, *Grammatica italiana. Italiano comune e lingua letteraria. Suoni forme costrutti*, Torino, UTET, 1988, p. 555.

p. 64
La definizione di *vergogna* come sentimento "di turbamento, di mortificazione" figura in S. Battaglia, *Grande Dizionario della Lingua Italiana*, XXI, Torino, UTET, 2002, s.v. *vergogna*, pp. 775-776 (citazione a p. 775).

Per il significato di *vereor* si veda A. Ernout - A. Meillet, *Dictionnaire étymologique de la langue latine. Histoire des mots*, Paris, Klincksieck, 1959[4] [1932], s.v. *vereor*, p. 723: "éprouver une crainte religieuse ou respectueuse pour".

Il rapporto fra *aidós* e *timé* è stato indagato da E.R. Dodds, *I Greci e l'irrazionale*, introduzione di M. Bettini, nuova edizione a cura di R. Di Donato, presentazione di A. Momigliano, Milano, Rizzoli, 2009 [*The Greeks and the Irrational*, Berkeley - Los Angeles, University of California Press, 1951; prima trad. it. Firenze, La Nuova Italia, 1959].

pp. 64-65
Sulla nozione di *aidós* si veda D.L. Cairns, *Aidós: the psychology and ethics of honour and shame in ancient Greek literature*, Oxford, Clarendon Press, 1993; e particolarmente pp. 13-14, n. 28 per il valore della vergogna nelle culture diverse da quella greca.

p. 65
Sulle ragioni e le caratteristiche della vergogna e sulla vergogna come sentimento adulto cfr. C. Castelfranchi - I. Poggi, *Ingredienti per una macchina che si vergogna*, in *Imbarazzo, vergogna e altri affanni*, a cura di V. D'Urso, Milano, Raffaello Cortina, 1994, pp. 115-138, particolarmente pp. 119-123 e 131.

La definizione di vergogna come "inaudita, spaventosa prossimità dell'uomo con se stesso" si trova in G. Agamben, *Idea della prosa*, nuova edizione accresciuta, Macerata, Quodlibet, 2002, p. 68; cfr. Belpoliti, *Senza vergogna*, p. 100.

p. 66
Su *vergognarsi* come verbo esclusivamente intransitivo cfr. F. Rigotti, *L'onore degli onesti*, Milano, Feltrinelli, 1998, pp. 40-41; a questo saggio (e in particolare alle pp. 40-48) si rinvia anche per una documentata riflessione sulla vergogna e sull'evoluzione del senso dell'onore dall'antichità all'età moderna.

Sulla vergogna come "Cenerentola delle emozioni spiacevoli" si veda C. Rycroft, *Dizionario critico di psicoanalisi*, a cura di E. Gaddini, traduzione di P. Angarano, Roma, Astrolabio,

1970 [*A Critical Dictionary of Psychoanalysis*, London, Nelson and Sons, 1968], s.v. *vergogna*, pp. 197-198, particolarmente p. 197. La definizione della vergogna come "the ignored emotion" è in realtà diffusissima: si veda D. Goleman, *Shame Steps out of Hiding and Into Sharper Focus*, «The New York Times», 15 settembre 1987 (edizione elettronica); anche A.M. Pandolfi, *La vergogna. Un affetto psichico che sta scomparendo?*, Milano, Franco Angeli, 2002, p. 7.

Sulla vergogna in Primo Levi si veda ora Belpoliti, *Senza vergogna*, pp. 80-97. Per una rassegna e un'analisi di testi letterari sulla vergogna cfr. M.W. Battacchi, *Vergogna e senso di colpa. In psicologia e nella letteratura*, Milano, Raffaello Cortina, 2002.

pp. 66-67
La descrizione dell'arrivo dei soldati russi nel Lager si legge in Levi, *La tregua*, in Id., *Opere*, I, p. 206. Questo passo è citato e commentato dallo stesso Levi in *I sommersi e i salvati* [1986], in Id., *Opere*, II, pp. 1046-1047.

p. 67
Per la vergogna come sentimento al contempo individuale e sociale si veda A.A. Semi, *Paura, vergogna e colpa*, in D'Urso, *Imbarazzo*, pp. 139-156 (in particolare p. 141).

Le parole sul "mare di dolore" si leggono in Levi, *I sommersi*, in Id., *Opere*, II, pp. 1057-1058.

p. 68
Le reazioni e i commenti del padre della ragazza sono stati registrati da C. Sannino, *Sono amico di Silvio, parte tutto da me: ora il padre di Noemi difende il premier*, «la Repubblica», 5 maggio 2009, p. 8.

La riflessione di Belpoliti sulla vergogna che "non c'è più" si legge in *Senza vergogna*, p. 27. Sulla "vergogna di vergognarsi" si veda *ibid.*, p. 29.

Sulla vergogna come "ripugnante patologia dalla quale tenersi il più possibile lontani" ha scritto G. Carofiglio, *Il peccato di essere senza vergogna*, «la Repubblica», 28 luglio 2009, pp. 1 e 11; a questo articolo si rinvia anche per le successive riflessioni, a p. 70, sulla negazione o rimozione della vergogna.

L'aforisma "Il n'y a de honte qu'à n'en point avoir" si legge in B. Pascal, *Pensieri*, edizione con testo a fronte a cura di C. Carena, prefazione di G. Raboni, Torino, Einaudi, 2004, p. 547, nr. 683.

p. 69
Sulla vergogna dinanzi all'Olocausto cfr. H. Arendt, *Colpa organizzata e responsabilità universale*, in *Archivio Arendt, 1. 1930-1948*, a cura di S. Forti, introduzione di J. Kohn, traduzione di P. Costa, Milano, Feltrinelli, 2001 [*Essays in Understanding: 1930-1954*, New York, Harcourt Brace & Co., 1994], pp. 166-167; il saggio apparve per la prima volta con il titolo *German Guilt* nella rivista «Jewish Frontier» 12, 1945.

Sulla vergogna come segnale si veda Semi, *Paura, vergogna e colpa*, pp. 154-156.

p. 71
Sulla lite tra Berlusconi e Lucia Annunziata si veda l'articolo di P. Di Caro, *Lite in TV con l'Annunziata. Bonaiuti: la RAI intervenga*, «Corriere della Sera», 13 marzo 2006, pp. 2-3.

Sugli inviti alla vergogna rivolti a giornalisti e magistrati si legga – ad esempio – P. Di Caro, *"Contro di me una vergognosa montatura"*, «Corriere della Sera», 17 luglio 2010, pp. 2-3.

p. 72

Le parole di Berlusconi si leggono in V. Testa, *Berlusconi, il giorno dell'ira*, «la Repubblica», 20 settembre 1994, p. 7.

Sulle parole scelte da Ginzburg per comprendere il nostro tempo cfr. F. Marcoaldi, *Carlo Ginzburg. Il vero, il falso e la vergogna, le parole per capire un Paese*, «la Repubblica», 28 ottobre 2009, p. 61.

p. 73

Aristotele, *Etica Nicomachea*, 1128b15-21; traduzione in Aristotele, *Etiche*, a cura di L. Caiani, introduzione di F. Adorno, Torino, UTET, 1996, pp. 305-306 (citazione a p. 306).

Sulla vergogna come forma di protezione si veda Ceccarelli, *L'antica regola del pudore*, p. 43.

Sul valore della vergogna nella popolazione dei Puels si veda Belpoliti, *Senza vergogna*, p. 109.

p. 74

Aristotele afferma che "si prova vergogna" per le cose che "hanno rapporto con la legge" al termine dell'ampia trattazione sulla vergogna in *Retorica*, 1383b11-1385a15. Cfr. Aristotele, *Retorica e Poetica*, a cura di M. Zanatta, Torino, UTET, 2004, pp. 245-250 (citazione a p. 249).

Le parole "Ora parliamo della giustizia", ultime del quarto libro dell'*Etica Nicomachea*, concludono la trattazione sulla vergogna a 1128b10-35 (traduzione in Aristotele, *Etiche*, p. 306). Il quinto libro è dedicato alla giustizia.

## 7. Giustizia

### pp. 75-77
Il mito sulla generazione del mondo è conservato in Platone, *Protagora*, 319c-322d; esso è stato da ultimo rievocato da Belpoliti, *Senza vergogna*, pp. 101-103, appunto a proposito della vergogna. La traduzione qui citata, di G. Reale, si legge nella sua interezza in Platone, *Tutti gli scritti*, pp. 818-820.

### p. 77
La citazione è tratta da G. Scerbanenco, *Venere privata*, Milano, Garzanti, 1966, p. 110.

### p. 79
Per la definizione di *lodo* si veda G. Devoto - G.C. Oli, *Il Devoto-Oli. Vocabolario della lingua italiana. 2011*, Milano, Le Monnier, 2010, s.v. *lodo*, p. 1587.

### p. 83
Tucidide, *La guerra del Peloponneso*, II 37, 1; la traduzione si legge in Tucidide, *La guerra*, pp. 229-231. Sull'epitafio come monumento "ad un'Atene che non c'è più" cfr. L. Canfora, *Tucidide e l'impero*, Roma - Bari, Laterza, 1992, p. 56. Per l'accostamento con il successivo passo euripideo cfr. Id., *Studi sull' "Athenaion Politeia" pseudosenofontea*, «Memorie dell'Accademia delle Scienze di Torino. II, Classe di Scienze Morali, Storiche e Filologiche», s. V, 4, 1980, pp. 3-110, particolarmente pp. 38-39.

Euripide, *Supplici*, vv. 429-432; traduzione in Euripide, *Tragedie*, a cura di O. Musso, II, Torino, UTET, 1993, p. 165.

### pp. 85-87
Si veda J. Rawls, *Una teoria della giustizia*, a cura di S. Maffettone, traduzione di U. Santini, Milano, Feltrinelli, 1982

[*A Theory of Justice*, Cambridge, Mass., The Belknap Press of
Harvard University Press, 1971]; le parole citate alle pp. 85-86
si leggono *ibid.*, p. 21.


pp. 87-88
Per la definizione di *psicoreato* cfr. Orwell, *1984*, p. 336.


p. 88
La riflessione sull'uguaglianza come criterio di differenziazione tra destra e sinistra e come valore proprio della sinistra si
trova in Bobbio, *Destra e sinistra*, pp. 119-134. Le osservazioni
di Alessandro Pizzorno si leggono in A. Gnoli, *Caro Bobbio,
ecco dove sbagli*, «la Repubblica», 7 febbraio 1995, p. 26. Per
una sintesi della questione e le considerazioni sulla polarità
*inclusione/esclusione* si veda Canfora, *Critica*, p. 31.


p. 89
A. Sen, *L'idea di giustizia*, Milano, Mondadori, 2010.


p. 90
M.C. Nussbaum, *Giustizia e aiuto materiale*, Bologna, il Mulino, 2008, p. 9.


8. Ribellione


p. 92
Le parole di Tocqueville, *La democrazia in America*, si possono
leggere in A. de Tocqueville, *Scritti politici*, II, *La democrazia
in America*, a cura di N. Matteucci, Torino, UTET, 1968, p. 745.


In M. Cortelazzo - P. Zolli, *DELI. Dizionario Etimologico della Lingua Italiana*, Bologna, Zanichelli, 1999², s.v. *ribellare*,
pp. 1359-1360, si legge: "rendere ribelle contro l'autorità costituita, la legge". Per il significato di *ribellione* si veda S. Bat-

taglia, *Grande Dizionario della Lingua Italiana*, XVI, Torino, UTET, 1992, s.v., pp. 20-21: "Sollevazione di una persona, di un gruppo o di una collettività contro l'autorità costituita, espressa con il rifiuto di obbedienza, con la resistenza o con la lotta armata" (p. 20). Per i contrari di *ribellione* si veda la voce relativa in Gabrielli, *Dizionario*, p. 616: "sottomissione, obbedienza, docilità, rassegnazione, adattamento; repressione, assetto, riordinamento, smorzamento, soffocamento".

pp. 92-95
La *Risposta di don Lorenzo Milani ai cappellani militari toscani che hanno sottoscritto il comunicato dell'11-2-1965* si legge in *L'obbedienza non è più una virtù. Documenti del processo di don Milani*, Firenze, Libreria Editrice Fiorentina, [1965], pp. 9-20; citazioni alle pp. 13, 18. Le parole sulla scuola figurano nella *Lettera ai Giudici* (*ibid.*, pp. 27-62), alle pp. 36-38; sull'articolo 11 della Costituzione a p. 40; sull'obbedienza a p. 51.

p. 95
Il testo di *Redemption Song* di Bob Marley (nell'album *Uprising*, 1980) recita: "Emancipate yourselves from mental slavery / None but ourselves can free our minds". Sul significato di *redemption* si veda la voce relativa in *Webster's Third New International Dictionary of the English Language Unabridged*, editor in chief P. Babcock Gove, Springfield, Merriam Webster, 1993, s.v. *redemption*, p. 1902.

pp. 95-97
Il capitolo «L'ultimo» si legge in P. Levi, *Se questo è un uomo* [1958], in Id., *Opere*, I, pp. 141-146; l'estratto qui riportato si legge alle pp. 145-146.

p. 98
Sul lessico necessario di George Steiner e José Saramago cfr. F. Marcoaldi, *George Steiner: abbiamo dimenticato l'importan-*

*za di dire no*, «la Repubblica», 5 novembre 2009, p. 43 (da cui è tratta la citazione sull'incapacità di dire no a p. 98); e Id., *José Saramago: al primo posto la "bontà", la virtù più disprezzata*, «la Repubblica», 19 novembre 2009, p. 47.

La frase di Emily Dickinson citata da José Saramago figura in una lettera a Otis P. Lord (nr. 562) datata circa al 1878: "don't you know that 'No' is the wildest word we consign to Language?": *The Letters of Emily Dickinson*, edited by Thomas H. Johnson, Associate Editor Theodora Ward, Cambridge, Mass., The Belknap Press of Harvard University Press, 1958, II, p. 617.

pp. 98-99
Per una rapida rassegna delle molte possibili interpretazioni del *no* di Bartleby si veda ora H. Melville, *Bartleby*, cura e traduzione di G. Nori, Roma, Portaparole, s.d. [ma 2009], p. 28, n. 7. Sul *no* di Bartleby come pura potenza cfr. G. Agamben, *Bartleby o della contingenza*, in G. Deleuze - G. Agamben, *Bartleby. La formula della creazione*, Macerata, Quodlibet, 1998², pp. 43-85, particolarmente p. 60: "Come scriba che ha cessato di scrivere, egli [*scil*. Bartleby] è la figura estrema del nulla da cui procede ogni creazione e, insieme, la più implacabile rivendicazione di questo nulla come pura, assoluta potenza".

Le citazioni dal racconto di Melville sono attinte a H. Melville, *Bartleby, the Scrivener - Bartleby, lo scrivano*, a cura di R. Bernascone, traduzione di E. Giachino, Torino, Einaudi, 1994, pp. 25, 23.

p. 99
Sul *no* come origine di ogni rivoluzione si veda Marcoaldi, *José Saramago*, p. 47 (da cui è tratta la citazione).

Sull'identificazione della ribellione con il *cogito* cfr. A. Camus, *L'uomo in rivolta*, traduzione di L. Magrini, prefazione di

C. Rosso, cronologia di A. Ponti, Milano, Bompiani, 2009[6] [1957; *L'homme révolté*, Paris, Gallimard, 1951], pp. 26-27.

p. 100
I tre princìpi dell'"ideologia del ribelle" si leggono in M. Benasayag, *Contro il niente. ABC dell'impegno*, traduzione di G. Sartorio, Milano, Feltrinelli, 2005 [*Abécédaire de l'engagement*, Paris, Bayard, 2004], s.v. *ribelle*, p. 152.

pp. 100-101
Sulla valenza politica della parola cfr. H. Arendt, *Vita activa. La condizione umana*, traduzione di S. Finzi, Milano, Bompiani, 2006[13] [1994; *The Human Condition*, Chicago, The University of Chicago, 1958], p. 20.

p. 102
La trascrizione del discorso tenuto da Barack Obama in Iowa il 3 gennaio 2008 si può leggere in *Barack Obama's Caucus Speech*, «The New York Times», 3 gennaio 2008 (edizione elettronica).

p. 103
*Il mondo è cambiato*: così titolava «la Repubblica» il 5 novembre 2008, p. 1.

9. Bellezza

pp. 104-105
Le citazioni sulla ribellione e la bellezza sono attinte a Camus, *L'uomo in rivolta*, rispettivamente pp. 17 e 302.

p. 105
La citazione dai *Taccuini* si legge in A. Camus, *Taccuini II. Gennaio 1942-Marzo 1951*, traduzione di E. Capriolo, Milano,

Bompiani, 2004² [1965; *Carnets*, II, *Janvier 1942-Mars 1951*, Paris, Gallimard, 1964], p. 155.

p. 105-106
Su bellezza e giustizia si rinvia allo studio di L. Zoja, *Giustizia e Bellezza*, Torino, Bollati Boringhieri, 2007 (citazione a p. 15).

Per i contrari di *bellezza* cfr. G. Pittano, *Sinonimi e contrari. Dizionario fraseologico delle parole equivalenti, analoghe e contrarie*, Bologna, Zanichelli, 2006³, s.v. *bellezza*, p. 120.

p. 106
Il film *L'attimo fuggente*, di Peter Weir, si data al 1989.

pp. 106-107
La riflessione sul bello di Susan Sontag si legge in S. Sontag, *Ipotesi sulla bellezza*, in Ead., *Nello stesso tempo. Saggi di letteratura e politica*, a cura di P. Dilonardo e A. Jump, introduzione di D. Rieff, Milano, Mondadori, 2008 [*At the Same Time: essays and speeches*, New York, Farrar Straus Giroux, 2007], pp. 3-11, particolarmente p. 11. Sull'"interessante" come concetto consumistico *ibid.*, p. 8.

p. 107
Sull'"estetica della rivolta" cfr. Camus, *Taccuini II*, p. 125.

Le parole di Márquez evocate da Nadine Gordimer sono tratte da un'intervista allo scrittore colombiano: esse sono citate nella *Nobel Lecture* e si leggono, in traduzione italiana, in *Tra scrittura e libertà*, p. 221. *Ibid.*, n. 34, la Gordimer precisa: "I miei appunti non riportano il giornale o la data".

pp. 107-108
La citazione conclusiva è tratta da Sontag, *Nello stesso tempo*, p. 10.

10. Scelta

p. 109
Non sono presenti contrari del termine *scelta* in Gabrielli, *Dizionario*, s.v., p. 672. Tuttavia Pittano, *Sinonimi e contrari*, p. 835, ne indica come contrari: "confusione, mescolanza, miscuglio, raccogliticcio".

p. 111
Sulla facoltà di fare e mantenere promesse cfr. Arendt, *Vita activa*, p. 175.

Sulle ultime parole di Giovanni Paolo II si veda, ad esempio, L. Accattoli, *L'ultima frase di Wojtyla: "lasciatemi andare"*, «Corriere della Sera», 18 settembre 2005, p. 15.

pp. 112-113
La poesia *Invictus* di W.E. Henley si può leggere in *The Oxford Book Of English Verse: 1250-1918*, chosen and edited by sir A. Quiller-Couch, New Edition, Oxford, Clarendon Press, 1939 [1900], pp. 1027-1028, nr. 853. La traduzione che qui si presenta è di G. Carofiglio.

p. 114
La citazione è tratta da Nussbaum, *Giustizia*, p. 69.

pp. 114-115
A Catone sono dedicati i vv. 28-111 del primo canto del *Purgatorio*. Sono qui citati i vv. 71-72.

pp. 115-116
L'episodio del sergente Steinlauf è raccontato in Levi, *Se questo è un uomo*, in Id., *Opere*, I, pp. 34-35.

pp. 117-120
Le parole di Antonio Gramsci si possono leggere ora in
A. Gramsci, *La nostra città futura. Scritti torinesi (1911-1922)*, a
cura di A. d'Orsi, Roma, Carocci, 2004, pp. 134-135.


p. 121
*Blowin' in the Wind* fu pubblicata nel 1963 nell'album *The
Freewheelin' Bob Dylan*.


## Le parole del diritto


p. 127
Sulla polisemia dell'espressione "linguaggio giuridico" si veda
la sintesi di B. Mortara Garavelli, *Le parole e la giustizia. Diva-
gazioni grammaticali e retoriche su testi giuridici italiani*, Torino, Einaudi, 2001, pp. 9-10.


pp. 128-129
Cassazione, Sezioni Unite, sentenza nr. 27 del 10 luglio 2002.


pp. 129-130
I "tecnicismi specifici" sono i termini "propri ed esclusivi di
ciascun settore", "di significato univoco (almeno tendenzial-
mente univoco), che non hanno corso fuori del linguaggio
specialistico o settoriale"; gli pseudotecnicismi, o "tecnicismi
collaterali", sono invece espressioni non indispensabili alle
esigenze della comunicazione settoriale, ma privilegiate e di
fatto entrate nell'uso per la loro più spiccata connotazione
tecnica: Mortara Garavelli, *Le parole e la giustizia*, pp. 11-18
(citazione a p. 10).


pp. 130-131
C. Beccaria, *Dei delitti e delle pene*, a cura di P. Calamandrei,
Firenze, Le Monnier, 1965², pp. 180-181.

p. 131

La citazione è ricavata da S. Satta, *Il mistero del processo*, Milano, Adelphi, 1994, p. 94. Una riflessione sulla lingua dei giuristi come strumento concretamente operante nell'esistenza delle persone si trova *ibid.*, pp. 100-101: "[Il formalismo del giudice] non è – né può essere – qualcosa di diverso dal formalismo del legislatore e del giurista: solo che esso, in quanto il giudice opera nel concreto, presenta aspetti più sensibili, direi più drammatici, perché in definitiva al giudice ci si rivolge per chiedere aiuto, e il formalismo del giudice si risolve, o ci sembra che si risolva, in una ripulsa di aiuto. La coscienza comune esprime efficacemente questo dramma quando parla di 'umanità' del giudice: vago sentimento di qualcosa che riporta la logica formale alla immediatezza della vita, di qualcosa che non è scritto nel codice, ma circola come il sangue nei tessuti inerti della legge" (in *Il formalismo del processo*, relazione letta il 4 ottobre 1958 al quarto Convegno dell'Associazione italiana fra gli studiosi del processo civile, tenutosi presso l'Università di Firenze, *ibid.*, pp. 81-110).

Sul "neolalismo" si veda A. Gramsci, *Quaderni del carcere*, edizione critica dell'Istituto Gramsci, a cura di V. Gerratana, III, *Quaderni 12-29 (1932-1935)*, 23 (VI), p. 2193: "Il neolalismo come manifestazione patologica del linguaggio (vocabolario) individuale. Ma non si può impiegare il termine in senso più generale, per indicare tutta una serie di manifestazioni culturali, artistiche, intellettuali?".

p. 132

F. Kafka, *Nella colonia penale e altri racconti*, traduzione di F. Fortini, Torino, Einaudi, 1986, pp. 180-182; la citazione a p. 180.

p. 133

Sulla "legge oscura" si veda M. Ainis, *La legge oscura: come e perché non funziona*, Roma - Bari, Laterza, 1997.

pp. 133-134
La verbalizzazione del furto dei fiaschi di vino si legge in
I. Calvino, *Per ora sommersi dall'antilingua*, «Il Giorno», 3
febbraio 1965, p. 7, ora, con il titolo *L'antilingua*, in Id., *Una
pietra sopra. Discorsi di letteratura e società*, Milano, Mondadori, 1995, pp. 149-154; la citazione più ampia a p. 150, le successive alle pp. 149-150.

Il passo di Calvino è da leggersi, relativamente alla descrizione
della procedura, con il commento di B. Mortara Garavelli, *La
parola d'altri. Prospettive di analisi del discorso*, Palermo, Sellerio, 1985, pp. 80-81.

pp. 134-136
I. Calvino, *L'italiano, una lingua tra le altre lingue*, «Rinascita»,
30 gennaio 1965, ora in *Una pietra sopra*, pp. 141-148 (le citazioni alle pp. 146 e 147).

p. 136
Le parole di Simenon sono tratte dall'intervista a Thérèse de
Saint-Phalle pubblicata su «Le Monde», 5 giugno 1965.

Sui testi "a forte polarizzazione pragmatica" si veda T. De
Mauro, *Introduzione. Il linguaggio della* Costituzione, in *Costituzione della Repubblica Italiana (1947)*, Torino, UTET, 2006,
pp. VIII-XXXII, in particolare XIII-XIV.

p. 137
Sulla interpretazione dell'articolo 12 Preleggi si veda ora
A. Belvedere, *I poteri semiotici del legislatore (Alice e l'art. 12
Preleggi)*, in *Scritti per Uberto Scarpelli*, a cura di L. Gianfor-
maggio e M. Jori, Milano, Giuffrè, 1997, pp. 85-103.

Le citazioni sono tratte da Mortara Garavelli, *La parola d'altri*,
p. 78: "Quando la parola orale passa attraverso il filtro delle

'convenzioni normalizzatrici' dello scritto, ciò che è provvisorio, irripetibile nella sua unicità di atto della saussuriana *parole*, diventa fisso e acquista ripetibilità".

pp. 139-141
Sull'eccellenza linguistica e letteraria della Costituzione si veda De Mauro, *Introduzione*, p. XIX. I dati relativi al lessico e alla struttura della *Costituzione* si leggono *ibid.*, pp.XIX-XXII; cfr. inoltre il contributo di M. Ainis in *Il linguaggio della Costituzione*. Palazzo della Minerva, 16 giugno 2008, [Roma], Senato della Repubblica, 2008, pp. 33-41, in particolare pp. 35-37; dalle pagine successive (40-41) è tratto l'esempio relativo alla riforma del 2005.

pp. 141-142
La citazione è ricavata da S. Satta, *Il Diario di Tullio Ascarelli*, «Quaderni del diritto e del processo civile», IV, 1970, pp. 25-27 [Premessa], in particolare p. 27.

pp. 142-143
Il manuale di stile in uso negli Stati Uniti è: *Manual of Style Governing Composition and Proof Reading in the Government Printing Office*, Washington, Gov't Print. Off., 1894; *U.S. Government Printing Office Style Manual: An Official Guide to the Form and Style of Federal Government Printing*, Washington, D.C., Government Printing Office, 2008[30].

Per l'Italia, si rinvia a: Presidenza del Consiglio dei ministri, Dipartimento per la Funzione Pubblica, *Codice di stile delle comunicazioni scritte ad uso delle amministrazioni pubbliche: proposte e materiali di studio*, Roma, [s.e.], 1993; *Manuale di stile. Strumenti per semplificare il linguaggio delle amministrazioni pubbliche*, a cura di A. Fioritto, Bologna, il Mulino, 1997; A. Fioritto, *Manuale di stile dei documenti amministrativi*, Bologna, il Mulino, 2009.

Il lavoro di Michele Cortelazzo e dei suoi studenti ha preso forma nel volumetto *Le "Istruzioni per le operazioni degli uffici elettorali di sezione" tradotte in italiano. Omaggio al Ministro dell'Interno*, a cura di M.A. Cortelazzo - C. Di Benedetto - M. Viale, Padova, Cleup, 2008.

p. 143
Sono qui tradotte le parole di B.A. Garner, *The Elements of Legal Style*, New York, Oxford University Press, 2002² [1991], pp. 15 e XVI (*Foreword* di Ch.A. Wright). Questo volume prende a modello il celebre libretto di W. Strunk - E.B. White, *The Elements of Style*, Boston, Allyn and Bacon, 2000⁴ [1935].

# Indice dei nomi

187

# Indice

Finito di stampare nel mese di ottobre 2010
presso Grafica Veneta - Via Malcanton, 11 - Trebaseleghe (PD)
Printed in Italy